故左武威衛大將軍檢校左羽林軍賜左玉鈐衛大將軍燕國公黑齒府君墓誌文并序
上冠合其道者坤元至壑高居其用者師律不有命世之材傑其奚以應斯數哉然則求玉
密山之上蘊金聲者不限乎魯門之下矣府君諱常之字恒元百濟人也其先出自扶餘氏封於
因以為氏焉其家世相承為達率達率之職猶今兵部尚書於本國二品官也曾祖諱文大祖諱
沙次並[illegible]府君少而雄爽機神敏絕所輕者嗜欲所重者名訓府深沉清不見其涯域
遠不形[illegible]之以謹慤重之以溫良由是親族敬之師長憚之年甫小學即讀春秋左氏傳
史歎曰[illegible]之丘亦恥之誠吾師也過此何足多哉未弱冠以地籍授達率唐顯慶中遣邢國
平其國[illegible]扶餘隆俱入朝隸為萬年縣人也麟德初以人望授折衝都尉鎮熊津城大為士
亨三年[illegible]忠武將軍行帶方州長史尋遷使持節沙泮州諸軍事沙泮州刺史授上柱國以
任以忠[illegible]端　而子嘉之轉左領軍將軍兼熊津都督府司馬加封浮陽郡開國公食
于時德音[illegible]朝望　高屬蒲海生氣蘭河有事以府君充洮河道經略副使實有寄焉府君
性明達力能翹關不以力自豪智能禦寇不以智自聞每用晦而明以蒙養正故其時行山立自
於仁不長發威不害物賞罰有必勸沮無違又五校之大經三軍之元吉故士不敢犯其令下不
高宗每稱其善故以士君子處之也及居西道大著勳庸于時中書令李敬玄為河源道
諸軍取其節度赤水軍大使尚書劉審禮既以敗沒諸將莫不憂懼府君獨立高尚之功以濟其
衛將軍代敬玄為大使從風聽也府君傍無聲色居絕翫好枕藉經書有慕遵之樽俎懷蘊明略
旌旗胡塵肅清而邊馬肥漢匹昭亮而而狐滅出師有鎖入凱成歌遷左鷹揚衛大將軍燕然道
垂拱之季　而命將草骨卒祿狂賊也既不覩其微徐敬業逆思也又不量其力南靜淮海
並有力為故威聲大振　制曰局度溫雅機神爽晤風踐仁義之途聿蹈廉貞之域言以昭
躬屢總戎麾每申誠効可封燕國公食邑三千戶仍改授右武威衛大將軍神武道經略大使
董茲驍勇彼凶狂胡馬無南牧之期漢使靜北遊之望靈夏衛要妖羯是瞻君之威聲無以為
懷遠軍經略大使以遏游氣也屬禍流群惡疊起孤標疑似一章玉石斯混既從下獄爰隔上穹
哀同仰藥春秋六十長子俊幼丁家難志雪遺憤誓命虜庭投軀漢節頻展誠効屢振功名壁
斯　鑒爰下　制曰故左武威衛大將軍檢校左羽林衛上柱國燕國公黑齒常之早
經馳榮效總師律肅宣績効往蓮飛言爰從訐獄幽憤殞命疑罪不分比加檢察曾無反狀言
差憫宜從雪免廡慰塋瑰增以寵章式光泉壤可贈左玉鈐衛大將軍勳封如故其男游擊將
武鎮將上柱國俊自嬰家咎屢効赤誠不避危亡捐軀徇國宜有褒錄以申優獎可右豹韜衛

# 韓國金石文集成(3)

## 百濟1 百濟 및 百濟關聯 金石文(解說篇)

李宇泰 編著

韓國國學振興院
青 溟 文 化 財 團

# 목 차

# 일러두기

1. 본서는 『韓國金石文集成』의 제3권으로 百濟 및 百濟關聯 金石文 14종을 수록하였다.

2. 본서에는 益山 出土 銅鏡, 隅田八幡畵像鏡, 七支刀 등과 기타 백제 유민의 墓誌 등도 모두 수록되어야 마땅하나 사정상 수록하지 못하였다.

3. 본서는 해제와 도판의 두 부분으로 나뉘어 있으며, 해제 부분은 가로쓰기를 하였으나, 도판 부분은 가능한 한 원래의 모습대로 제시하기 위하여 세로쓰기를 원칙으로 하였다. 따라서 책의 체제는 해제는 橫書·左綴이며, 圖版은 縱書·右綴이고, 그 사이에 間紙를 넣어 구분하였다.

4. 본서의 도판 부분에는 비문의 탁본을 원래 크기대로 수록하였는데, 읽기 편하도록 비첩형식으로 편집하였다. 그리고 전체탁본을 축소하여 도판의 첫머리에 제시하였다. 비문의 題額 등이 가로로 쓰여진 것은, 도판에는 세로로 편집하여 첫머리에 제시하였다. 그리고 행의 바꿈이나 배치 등은 전체 사진을 통해 확인할 수 있기 때문에 편의에 따라 적절히 편집하였다.

5. 해제에는 간략한 설명과 함께 원문과 번역문을 싣고, 참고문헌을 제시하였다.

6. 해제의 원문은 도판을 기준으로 작성하였으나, 다른 여러 판독문과 대조하여 보충한 부분도 있다. 그러한 부분은 각주로 그 근거를 밝혀 두었다. 원문이 많이 훼손되어 원래 몇 글자가 있었는지 알 수 없는 부분은 '………'로 표시하였고, 판독할 수 없는 글자는 □으로 표시하였다. 탁본에서는 확실하지 않으나 전후의 문맥이나 다른 자료를 통해 보충이 가능한 것은 ( )로 표시하였고, 판독에 의문이 있는 글자는 옆에 '?'를 붙여두었다.

7. 원문은 문단을 구분하여 띄어쓰기를 하고 문장 부호를 붙여 읽기에 편하도록 하였다.

8. 번역은 도판에 의거하여 작성하였으며, 연대·지명 등의 간단한 주석사항은 ( ) 안에 첨가하였고, 나머지는 각주로 처리하였다. 번역에 있어서는 기존의 번역을 두루 참고하였으나 일일이 그 전거를 밝히지는 않았다.

9. 본서에 수록된 비문의 탁본의 소장처는 다음과 같다.

| | | | |
|---|---|---|---|
| 1 | 武寧王·王妃 誌石 및 買地券 | 한국국학진흥원 | 탁본 |
| 2 | 武寧王陵出土 銀釧 | 국립공주박물관 | 사진 |
| 3 | 武寧王陵出土 銅鏡 | 국립공주박물관 | 사진 |
| 4 | 砂宅智積碑 | 한국국학진흥원 | 탁본 |
| 5 | 扶餘陵山里寺址 石造舍利龕 | 국립부여박물관 | 사진 |
| 6 | 彌勒寺址石塔 金銅舍利奉安記 | 국립문화재연구소 | 사진 |
| 7 | 扶餘隆 墓誌 | 김영관 | 탁본 |
| 8 | 黑齒常之 墓誌 | 김영관 | 탁본 |
| 9 | 黑齒俊 墓誌 | 이우태 | 사진 |
| 10 | 珣將軍功德碑 | 北京圖書館藏中國歷代石刻拓本匯編20 | 사진 |
| 11 | 祢寔進 墓誌 | 김영관 | 탁본 |
| 12 | 祢軍 墓誌 | 김영관 | 탁본 |
| 13 | 唐 劉仁願紀功碑 | 성균관대박물관 | 탁본 |
| 14 | 定林寺址 五層石塔 楣石刻子 | 성균관대박물관 | 탁본 |

# 1. 武寧王·王妃 誌石 및 買地券

## 1) 解題

무령왕의 묘지는 연도 중앙에서 왕비의 지석과 함께 나란히 발견되었는데, 크기는 세로 35cm, 가로 41.5cm, 두께 5cm이다. 왕비의 지석도 거의 같은 크기인데, 두 지석의 전면에는 모두 묘지(墓誌)에 해당하는 문건이 기록되어 있다. 이는 두 문건의 마지막에 '입지여좌(立志如左)'라는 표현이 있음으로 보아 확실하다고 하겠다. 그리고 왕의 묘지 이면에는 방위를 나타내는 간지의 글자들이 사면에 기록되어 있고, 왕비의 묘지의 뒷면에 매지권(買地券)이 기록되어 있다. 매장의 순서로 보아 먼저 왕의 묘지와 매지권이 만들어져 매납되었고, 뒷날 왕비가 합장되면서 왕의 매지권 뒷면에 왕비의 묘지를 추기한 것으로 보인다. 다만 왕비의 묘지와 왕의 매지권은 앞뒤로 기록되어 있으면서도 상하의 방향이 반대로 되어 있는데, 그 이유는 명확하지 않다. 그러나 정황으로 보아 처음에는 왕의 묘지와 매지권이 겹쳐서 놓여 있었을 것으로 보는 견해가 타당할 것이고, 이는 두 돌의 가운데에 뚫린 구멍의 위치로 보아도 확실하다고 할 것이다.

이렇게 3종류의 문건이 2매의 돌에 작성되어 함께 있는 관계로 이 3종의 금석문들을 여기에서 함께 소개하는 것이다.

<武寧王 買地券>

이 문건들의 성격에 관하여는 적지 않은 논란이 있었는데, 발견 당시 최초로 이것의 성격에 대해 언급한 임창순(任昌淳)은 생시의 행적이 기록되어 있지 않고, 일반적인 묘지(墓誌)의 체재를 갖추지 않았다는 점에서 지석이라기보다는 신에게 묘의 안호(安護)를 기원하고 묘지 소유권을 확인하는 매매계약문서인 매지권이라고 본다는 견해를 제기하였다.

그러나 이에 대해 그 내용이 왕호와 왕의 나이, 왕 및 왕비의 붕어, 안장에 관한 연월일만으로 구성되어, 소략하기는 하나 묘지의 구성요소들이 더 중요하게 다루어졌고, '입지여좌(立志如左)'라는 문구의 '지(志)'자가 '지(誌)'와 통용된다는 점에서 지석으로 보려는 견해가 우세하였다. 또 이를 명권(冥券)이라 보는 견해도 있었다. 그러나 이 문건은 묘지와 매지권의 형식을 겸비한 것으로, '입지여좌(立志如左)'가 기록된 것은 묘지(墓誌)이고, '입권위명(立券爲明)'이라고 명기된 왕비 묘지명의 이면은 매지권으로 보는 견해가 타당하다. 왜냐하면 이 명문의 작성자가 스스로 '지(志)'와 '권(券)'을 구분하여 기록하고 있는데, 이는 이 지석의 명문의 작성자가 묘지와 매지권의 양식상의 차이나 기록의 목적 등이 상이함을 이미 잘 알고 있었다고 보이기 때문이다. 그리고 명문의 내용이 간략하기는 하지만 각각 묘지와 매지권의 양식을 충분히 인식하고 작성하였다고 보이기 때문이다.

먼저 왕의 묘지를 살펴보면 내용은 간략하지만 왕의 직함과 왕호, 그리고 돌아가신 날과 대묘에 안장한 날을 기록하고 있으며 '위와 같이 기록한다(立志如左)'는 말로 끝맺고 있다. 이는 왕비의 묘지에서도 동일하게 확인되는데, 두 명문의 내용과 형식이 거의 완전하게 일치하고 있으므로 이 두 면의 명문들은 모두 '묘지(墓誌)'로 보아도 좋을 것이다.

그런데 왕비 묘지(墓誌)의 이면은 이와는 성격이 전혀 다른 것으로, 바로 매지권에 해당한다. 매지권의 '돈 1만 문(文)'이란 실제 묘지 위에서 출토된 약 100매의 오수전을 가리키며, 이 돈을 지불하고 토왕(土王), 토백(土伯) 등 지하세계의 지배자들로부터 묘지로 쓸 땅을 구입한다는 내용이다. 따라서 이는 토지매매문서에 해당하는 매지권으로 보아 아무런 문제가 없을 것이다. 다만 보증인과 입회인 등의 이름이 없고, 사변(四邊)에 대한 기록들도 없는데 이는 생략되었다고 보아도 좋을 것이다. 그리고 마지막의 '부종율령(不從律令)'은 중국의 매지권에서 통상적으로 보이는 '여율령(如律令)' 또는 '급급여율령(急急如律令)'에 대응하는 것으로 보이는데, 그 내용이 중국의 통상적인 매지권의 종결사와는 반대의 의미로 기술된 것은 매우 주목되는 부분이다.

'부종율령(不從律令)'에 대한 해석으로는 ① 이 율령을 천제(天帝)의 율령으로 보아 "모든 것을 지배하는 율령도 이 묘소에 관한 한 미치지 못한다" 즉 묘역에 대한 것은 아무 율령에도 구속받지 않는다는 뜻으로 해석하는 견해(임창순), ② 이 율령을 중국의 천제 또는 천자의 율령과는 다른 세간(世間)의 율령으로 보아 "세간의 법령의 구애를 받지 않는다"는 뜻으로 해석하는 견해(이병도), ③ 매매문서의 단서조항으로 매매계약을 지키지 않을 경우에는 율령을 따르지 않은 죄로 간주하여 '불종율령죄(不從律令罪)'로 처벌한다고 해석하는 견해(정구복), ④ '부종(不從)'을 오사(誤寫) 또는 오기(誤記)로 보는 견해(瀧川政次郎) 등이 있다.

요약한다면 이 부분에 대한 해석의 갈래는 크게 이를 중국 매지권의 변형으로 보아 문구상의 의미를 축소해서 해석하려는 견해와, 문구 그대로 해석하여 중국의 매지권과는 다은 백제 자체의 독창적인 형식으로 파악하려는 견해로 나누어진다고 볼 수 있다. 필자의 생각으로는 굳이 문의를 도치하여 중국의 사례에 맞추려는 것은 의미가 없다고 여겨진다. 당시 매지권의 작성자가 중국의 사례를 몰랐을 리는 없을 것이므로, 여기에서 굳이 중국의 통례에 따르지 않은 것은 나름대로의 의미가 있는 것으로 보는 것이 옳을 것이다. 다만 이를 지나치게 적극적으로 해석하는 견해에 대해서도 재고의 여지는 있다고 생각된다. 따라서 '부종율령(不從律令)'의 표현은 세속의 율령에 따르지 않는다는 정도의 뜻으로 파악하는 편이 옳을 것이라고 판단된다.

이 부분을 제외한 다른 부분들은 대개 중국 6조시대 매지권의 내용과 일치하고 있다. 다만 무령왕의 매지권이 중국의 것들에 비교해서는 비교적 간단한 편이고, 도교적인 색채도 훨씬 약하다고 할 수 있다. 그렇지만 이런 점이 오히려 더욱 장중하고 권위있게 느껴지기도 한다. 그렇다면 무령왕의 매지권은 당시 6조시대 중국 매지권의 형식을 충분히 인지하고 이를 모방하면서도, 세부적인 내용은 중국의 형식에 구애되지 않은 독자적인 것이었다고 결론지을 수 있을 것이다.

무령왕릉 출토의 묘지와 매지권에서 가장 흥미로운 부분은 왕의 묘지 뒷면에 기록된 간지를 방위별로 배열한 이른바 '간지도(干支圖)'라고 할 것이다. 간지가 나타낸 방위에 대해서는 이것이 능역을 나타내는 것이라는 견해가 일반적이고, 최근에는 이를 확대 해석하여 왕의 능역이 이 묘지를 기준으로 서쪽 방향으로 전개된 까닭에 이 방면의 방향을 고의적으로 누락하였다는 흥미로운 해석이 나와 있다. 즉 무령왕 묘지 뒷면에 새긴 간지(干支) 중에서도 북쪽에 해당하는 '亥·壬·子·癸·丑', 동쪽에 해당하는 '寅·甲·卯·乙·辰', 남쪽에 해당하는 '巳·丙·午·丁·未'만을 표기하고, 서쪽 방위에 해당하는 '申·庚·酉·辛·戌' 등을 기록하지 않은 것은 무령왕이 (지신에게서) 산 무덤의 부지가 바로 서쪽 땅이었기 때문이라는 것이다. 즉 십이간지 방위표에서 유독 서쪽 방위만 표시하지 않은 것은 매지권에서 밝힌 무령왕이 바로 서쪽 땅을 사서 매입했다는 것을 상징적으로 표현하기 위함이라는 것이다. 그리고 나아가 두 매의 묘지석의 중앙부분에 있는 구멍은 무령왕릉 발견 당시에 발견된 오수전 꾸러미를 꿴 끈을 끼운 공간이었다고 해석하고 있다.

이러한 견해는 매우 흥미로운 것이기는 하지만 몇 가지 문제점이 있다. 우선 일반적으로 묘역(墓域)의 사계(四界) 내지는 사변(四邊)은 구체적인 사물로써 그 경계를 표시한다는 점에 주목할 필요가 있다. 물론 중국의 경우 간지명으로 사방을 표현하는 경우도 있지만, 이는 묘역의 범위를 나타낸 것이 아니라 묘의 방향을 설명한 것으로 봄이 옳을 것이다. 고려시대에 만들어진 세현(世賢)의 매지권에서도 묘역의 사변(四邊)을 '동쪽으로는 청룡(靑龍)에 이르고, 남으로는 주작(朱雀)에 이르며, 서쪽으로는 백호(白虎)에 이르고, 북쪽은 현무(玄武)에 이르며, 위로는 창천(蒼天)에 이르고, 아래로는 황천(黃泉)에 이르니, 사방(四方)이 분명하다.'고 기록하고 있다. 이러한 표현 또한 매우 관념적인 것이기는 하지만 막연한 방위와는 그 개념이 다르다. 즉 비록 청룡·백호 등의 방위신으로 사변을 나타내기는 하였지만, 이는 풍수지리에서 말하는 청룡·백호·주작·현무 등에 해당하는 산을 의미하는 것으로 봄이 타당할 것이다. 따라서 세현의 매지권에서의 사변은 그 범위가 구체적이라고 할 수 있다. 결코 '동쪽은 동쪽까지이고 서쪽은 서쪽까지'라는 식의 막연한 방위의 나열이 묘역의 경계를 표시할 수는 없는 것이다. 그러므로 왕의 묘지 뒷면의 방위 표기를 중국 매지권의 사변 표기와 같은 성격으로 파악하는 견해에는 동의할 수 없다.

## 2) 原文

### (1) 武寧王 墓誌

<表面>

寧東大將軍 百濟斯麻王, 年六十二歲, 癸卯年五月丙戌朔七日壬辰崩. 到乙巳年八月癸酉朔十二日甲申, 安厝登冠大墓, 立志如左.

<裏面>

未 亥<br>
丁 壬<br>
午 子<br>
丙 癸<br>
巳 丑<br>
戊 己<br>
辰 乙 卯 甲 寅

### (2) 武寧王妃 墓誌

丙午年十二月, 百濟國王大妃壽終. 居喪在酉地, 己酉年二月癸未朔十二日甲午, 改葬還大墓, 立志如左.

### (3) 武寧王 買地券

錢一万文, 右一件.

乙巳年八月十二日, 寧東大將軍 百濟斯麻王, 以前件錢, 詢土王土伯土父母上下衆官二千石, 買申地爲墓. 故立券爲明, 不從律令.

## 3）飜譯文

### (1) 武寧王 墓誌

<表面>

영동대장군(寧東大將軍)인 백제 사마왕(斯麻王)은 나이가 62세가 되는 계묘년 5월(초하루는 병술) 7일 임진일에 돌아가셨다. 을사년 8월(초하루는 계유) 12일 갑신일에 안장하여 대묘(大墓)에 올려뵈시고, 위와 같이 기록한다.

<裏面>

未　　　　　　　　　　亥
丁　　　　　　　　　　壬
午　　　　　　　　　　子
丙　　　　　　　　　　癸
巳　　　　　　　　　　丑
　戊　　　　　　　　己
　　辰　乙　卯　甲　寅

### (2) 武寧王妃 墓誌

병오년 12월 백제국왕대비(百濟國王大妃)께서 천명(天命)대로 살다가 돌아가셨다. 정서방(正西方)에서 삼년상을 마치고 기유년 2월(초하루는 계미일) 12일 갑오일에 다시 대묘(大墓)로 옮겨서 정식 장례를 지내고, 위와 같이 기록한다.

### (3) 武寧王 買地券

돈 1만 문(文), 이상 1건.

을사년 8월 12일 영동대장군(寧東大將軍) 백제사마왕(百濟斯麻王)은 상기의 돈으로 토왕(土王), 토백(土伯), 토부모(土父母)와 상하(上下) 이천석질(二千石秩)의 여러 관리들로부터 서쪽의 토지[申地]를 매입해서 묘지로 하였기에, 이에 문서[券]를 작성하여 명증(明證)한다. 율령(律令)에 따르지 않는다.

## [참고문헌]


〈단행본〉

文化公報部 文化財管理局, 1974, 『武寧王陵 發掘調査報告書』

黃壽永, 1976, 『韓國金石遺文』, 一志社 ; 1994, 復刊 ; 1999, 『金石遺文 黃壽永全集4』, 혜안

許興植, 1984, 『韓國金石全文』古代篇, 亞細亞文化社

문화재관리국, 1986, 『武寧王陵』

公州大, 1991, 『百濟武寧王陵論文集』Ⅰ, 公州大學校百濟文化硏究所

公州大, 1991, 『百濟武寧王陵』, 公州大學校百濟文化硏究所

韓國古代社會硏究所 編, 1992, 『譯註 韓國古代金石文』Ⅰ, 駕洛國史蹟開發硏究院

蘇鎭轍, 1994, 『金石文으로 본 百濟武寧王의 世界』, 圓光大學校出版局

國史編纂委員會, 1995, 『韓國古代金石文資料集』Ⅰ, 國史編纂委員會

장인성, 2001, 『백제의 종교와 사회』, 서경문화사

權悳永, 2002, 『韓國古代金石文綜合索引』, 학연문화사

한국역사연구회 고대사분과, 2004, 『고대로부터의 통신』, 푸른역사

〈논문〉

李丙燾, 1972, 「百濟 武寧王陵 出土 誌石에 대하여」『學術院論文集』 人文社會科學篇 11 ; 1976, 『韓國古代史硏究』

大谷光男, 1973, 「百濟 武寧王·同王妃의 墓誌에 보이는 曆法에 대하여」『考古美術』119, 한국미술사학회

李殷晟, 1984, 「武寧王陵의 誌石과 元嘉曆法」『東方學志』43, 연세대 국학연구원

鄭求福, 1987, 「武寧王 誌石 解釋에 대한 一考」『宋俊浩敎授停年紀念論叢』

成周鐸, 1991, 「武寧王陵 出土 誌石에 關한 硏究」『武寧王陵의 硏究現況과 諸問題』, 공주대 백제문화연구소

李基東, 1991, 「武寧王陵 出土 誌石과 百濟史硏究의 新展開」『武寧王陵의 硏究現況과 諸問題』, 공주대 백제문화연구소

成周鐸·鄭求福, 1991, 「誌石의 形態와 內容」『百濟武寧王陵』, 公州大學校 百濟文化硏究所

李喜寬, 1997, 「武寧王 買地券을 통하여 본 百濟의 土地賣買問題」『百濟硏究』27, 忠南大學校 百濟硏究所

李喜寬, 1998, 「武寧王 買地券을 통하여 본 熊津時代 百濟의 租稅制度」『國史館論叢』82, 國史編纂委員會

권오영, 2000, 「고대 한국의 喪葬儀禮」 『한국고대사연구』 20

文暻鉉, 2000, 「百濟 武寧王의 出自에 대하여」 『史學硏究』 第60號, 韓國史學會

張寅成, 2000, 「武寧王陵 墓誌를 통해 본 百濟人의 生死觀」 『百濟硏究』 32, 忠南大學校 百濟硏究所

蘇鎭轍, 2001, 「百濟 武寧王의 出自에 관한 小考」 『白山學報』

권오영, 2002, 「喪葬制를 中心으로 한 武寧王陵과 南朝墓의 비교」 『百濟文化』 31, 公州大 百濟文化硏究所

권정, 2002, 「중국과 일본의 예를 통해 본 「무녕왕비」의 재해석」 『일본문화연구』 6, 동아시아일본학회

白須淨眞, 2007, 「寧東大將軍 百濟斯痲王(武寧王)·王妃 合葬墓의 墓券·墓誌石에 관한 한 提言」 『권영필교수 정년퇴임논총』

정광미, 2009, 『무령왕 매지권을 통해 본 동아시아 문화교류』, 영남대학교 석사학위논문

李宇泰, 2010, 「한국의 買地券」 『歷史敎育』 115

莊申, 1971, 「百濟武寧王陵發掘經過簡報 跋」 『大陸雜誌』 43-6

許英桓, 1971, 「百濟武寧王陵發掘經過簡報」 『大陸雜誌』 43-6

瀧川政次郎, 1972, 「百濟武寧王妃墓碑陰の冥劵」 『古代文化』 24-3.

瀧川政次郎, 1972, 「百濟武寧王妃墓碑陰冥劵考追考」 『古代文化』 24-7

金元龍, 1973, 「百濟武寧王陵について」 『朝鮮學報』 68, 朝鮮學會

瀧川政次郎, 1976, 「百濟武寧王妃墓誌陰冥劵考」 『法史學硏究』 3.

李進熙, 1976, 「武寧王陵と百濟系渡來集團」 『東アジアの古代文化』 8

佐竹保子, 1984, 「百濟武寧王誌石の字跡と中國石刻文字との比較」 『朝鮮學報』 111, 朝鮮學會

# 2. 武寧王陵出土 銀釧

## 1) 解題

이 은제팔찌[銀釧]는 무녕왕릉에서 출토된 부장품의 하나로 현실(玄室) 안쪽의 왕비쪽 관식(冠飾)의 아래 부분에서 북쪽으로 35cm 되는 곳에서 발견되었다. 이 은제팔찌[銀釧]의 약 5cm 옆에서 금제팔찌[金釧]도 함께 발견되었는데, 금제팔찌에는 명문이 새겨있지 않았다. 이처럼 금은의 팔찌들이 각 1쌍씩 함께 발견된 예는 양산(梁山) 부부총(夫婦塚)에서도 찾아볼 수 있다.

은제팔찌의 바깥 지름은 8cm, 안쪽 지름은 6cm이며 팔찌의 폭은 1cm이다. 단면이 반원형인 은띠의 표면에 혀를 길게 내민, 발톱이 세 개[三爪]인 반룡(蟠龍) 두 마리를 양각하고, 팔목에 닿는 내면(內面) 가장자리에는 치각점열(齒刻點列)을 돌렸다. 명문은 한 줄인데 해서(楷書)로 음각(陰刻)되어 있다. 명문의 글자크기는 0.7cm이다.

명문에 제작자인 다리(多利)에 대해서는 이를 일본 법륭사 삼존불의 작가인 도리[止利]와 관계가 있는 것으로 추측하는 견해가 있다. 한편으로는 도리[止利]가 원래 말안장을 만드는 기술자[鞍工]였으므로 도리[止利]는 이 팔찌를 만든 다리(多利)가 속한 백제의 공장(工匠) 집안에서 갈라져 나온 인물로 추측하기도 한다.

명문에 의해 왕비가 돌아가시기 6년 전인 520년(무녕왕 20)에 왕비의 부장품으로 쓰기 위해 미리 만들어진 것임을 알 수 있다.

## 2) 原文

庚子年二月 多利作 大夫人分二百卅主耳

## 3) 飜譯文

경자(庚子, 520, 무령왕 20)년 2월에 다리(多利)가 만들었다. 대부인(大夫人)의 것으로 230 주(主)[1]가 들었다.

## [참고문헌]

〈단행본〉

黃壽永, 1976,『韓國金石遺文』, 一志社 ; 1994, 復刊 ; 1999,『金石遺文 黃壽永全集4』, 혜안
趙東元, 1981,『韓國金石文大系』, 원광대학교출판부
許興植, 1984,『韓國金石全文』古代篇, 亞細亞文化社
金元龍, 1986,『韓國考古學概說』, 一志社
문화재관리국, 1986,『武寧王陵』
충청남도·공주대학교 백제문화연구소, 1991,『百濟武寧王陵』
韓國古代社會硏究所 編, 1992,『譯註 韓國古代金石文』Ⅰ, 駕洛國史蹟開發硏究院
國史編纂委員會, 1995,『韓國古代金石文資料集』Ⅰ, 國史編纂委員會
權悳永, 2002,『韓國古代金石文綜合索引』, 학연문화사

〈논문〉

李浩官, 1992,「팔찌(釧)」『古美術』봄호

1) '主'는 돈꿰미의 수를 세는 데 사용된 단위어이다.

# 3. 武寧王陵出土 銅鏡

## 1) 解題

이 거울은 무녕왕릉 현실(玄室) 내부에서 발견되었다. 넘어진 왕의 족좌(足座) 북쪽에서 무늬가 있는 쪽을 위로 한 채 발견되었다. 후한(後漢)대에 유행한 방격규구경(方格規矩鏡)의 문양을 기본으로 하고 여기에 따로 힘차게 달리는 짐승들의 조각을 덧붙여 특이한 문양을 구성하였다. 가운데 있는 원뉴(圓鈕)를 중심으로 정사각형의 윤곽을 만들고 그 안에 12개의 작은 돌기[乳]를 배열하였으며, 그 사이에 12지(支)의 문자를 하나씩 새겼다. 그 바깥의 내구(內區)에는 T·L·V자형의 문양과 8개의 원형 돌기[圓座乳]들 사이에 사신(四神)과 여러 조수(鳥獸)를 가는 선으로 새겼는데, 그 위에 겹쳐서 배치된 조각들 때문에 보이지 않는 부분이 많다. 내구 주위에 명문대(銘文帶)가 있는데, 명문의 내용은 한경(漢鏡)에서 흔히 볼 수 있는 '상방작경(尙方作竟)'으로 시작되는 길상구이다. 외구(外區)에는 톱날문양대[鋸齒文帶]와 복선파문대(複線波文帶)가 있고 그 바깥 부분은 아무런 문양이 없다.

전체의 직경은 17.8cm이고 둘레높이[緣高]는 0.7cm이다.

## 2) 原文

尙方作竟眞大好 上有仙人不知老 渴飮玉泉飢食棗 壽如金石兮

## 3) 飜譯文

상방(尙方)[1]에서 만든 거울 정말로 좋구나. 거울 위에 그려진 선인(仙人)들은 늙지도 않겠네. 목마르면 옥천(玉泉)의 물을 마시고 배고프면 대추를 먹으니, 수명은 금석(金石) 같도다.

## [참고문헌]

〈단행본〉

黃壽永, 1976, 『韓國金石遺文』, 一志社 ; 1994, 復刊 ; 1999, 『金石遺文 黃壽永全集4』, 혜안

趙東元, 1981, 『韓國金石文大系』 2, 원광대학교출판부

許興植, 1984, 『韓國金石全文』古代篇, 亞細亞文化社

문화재관리국, 1986, 『武寧王陵』

韓國古代社會硏究所 編, 1992, 『譯註 韓國古代金石文』Ⅰ, 駕洛國史蹟開發硏究院

國史編纂委員會, 1995, 『韓國古代金石文資料集』Ⅰ, 國史編纂委員會

權悳永, 2002, 『韓國古代金石文綜合索引』, 학연문화사

〈논문〉

李蘭暎, 1983, 「韓國의 銅鏡」『硏究論叢』83-13, 韓國精神文化硏究院

오다 후지오(小田富士雄), 1991, 「일본에서의 무령왕릉계 유물 연구 동향」『무령왕릉의 연구현황과 제문제』, 공주대 백제문화연구소

김덕영, 2001, 「청동거울에 담겨 있는 백제와 왜의 역사」『한국민족학연구』5, 檀國大學校 韓國民族學硏究所

樋口隆康, 1972, 「武寧王陵出土鏡と七子鏡」『史林』55-4, 京都大學 文學部 史學硏究會

---

1) 尙方은 천자가 사용하는 기물을 제작하던 관아이다. 上方이라고도 하였다. 秦나라 때에 처음 설치하였으며, 漢末에는 中·左·右의 세 상방으로 나누었고, 唐나라에서는 尙署라 하였다. 『漢書』「百官志」에 의하면 천자의 刀劍이나 좋아하는 기물을 만들었다고 한다.

# 4. 砂宅智積碑

## 1) 解題

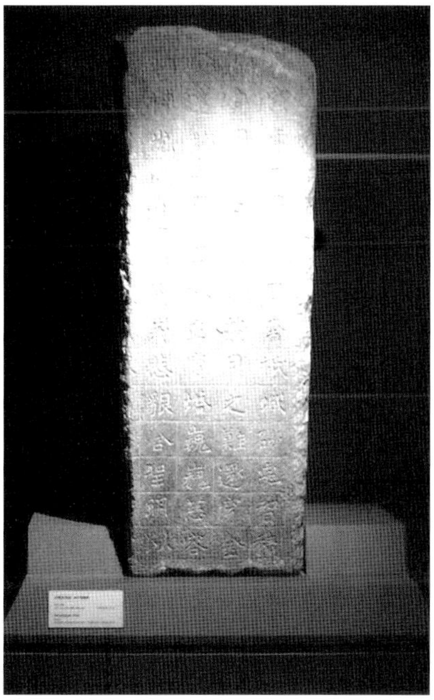

1948년 부여읍(扶餘邑) 관북리(官北里) 도로변에서 발견되었다. 그러나 발견된 것은 비의 일부로서, 높이 102cm, 폭 38cm, 두께 29cm이다. 양질의 화강암에 가로 세로로 정간(井間)을 구획하여 그 안에 글자를 음각하였으며, 1행은 14자로 이루어져 있는데, 현존하는 것은 앞부분에 해당하는 4행까지로서 모두 56자이다. 비의 우측면 상부에는 음양설에 따라 원 안에 봉황문이 음각되어 있으며 붉은 칠을 한 흔적이 남아 있다.

문장은 중국 육조시대의 사륙병려체(四六駢麗體)이며 글씨는 웅건한 구양순체(歐陽詢體)로서, 문장이나 자체가 모두 세련되어 있다.

내용은 사택지적이란 인물이 늙어가는 것을 탄식하여, 불교에 귀의하고 원찰을 건립했다는 것이다. 비의 건립연대인 갑인(甲寅)년에 대하여는 사택지적이 의자왕대의 인물인 점, 비문의 문장이 육조시대 이래로 성행한 사륙병려체인 점, 그리고 글씨체가 660년 정림사지 5층석탑에 새긴 「당평백제비(唐平百濟碑)」와 같이 구양순체인 점 등으로 미루어보아 654년(의자왕 14)으로 추정되고 있다.

지적(智積)이란 이름은 『일본서기(日本書紀)』 24 황극(皇極) 2년(642, 의자왕 2) 2월 무자조와 7월 을해조에 보이는데, 전자는 백제 사신이 와서 전년 11월에 대좌평(大佐平) 지적(智積)이 죽었음을 전하는 것이고, 후자는 백제에서 사신으로 온 대좌평 지적 등을 향응했다는 것이다. 이들 기록에 보이는 지적이 동명이인이라면 몰라도, 같은 인물이라면 전자의 기록이 잘못된 것이다. 그리고 『일본서기』의 지적이 사택지적과 같은 인물이라면, 사택지적은 의자왕 때 활약한 인물이라고 할 수 있다.

사택지적은 백제의 대성8족에 속하는 인물이며, 대좌평(=상좌평)이었던 점으로 미루어, 백제의 최고급 귀족이었다고 할 수 있다. 그가 "금을 뚫어 진당(珍堂=金堂)을 세우고 옥을 다듬어 보탑(寶塔)을 세우는 것"이 가능할 수 있었던 것도, 이러한 대귀족으로서의 경제력이 있었기 때문일 것이다.

## 2) 原文

甲寅年正月九日, 奈祇城 砂宅智積, 慷身日之易往, 慨體月之難還. 穿金以建珍堂, 鑿玉以立寶塔. 巍巍慈容, 吐神光以送雲, 峩峩悲貌, 含聖明以……

## 3) 飜譯文

갑인(甲寅)년 정월 9일에 내지성(奈祇城)의 사택지적은, 세월이 쉽게 흘러가고 흘러간 세월은 다시 돌아오지 않음을 슬프게 여겨서, 금을 뚫어 진당(珍堂=金堂)을 세우고 옥을 다듬어 보탑(寶塔)을 세우니, 높디높은 자애로운 모양은 신광(神光)을 토하며 구름을 전송하는 듯하고, 우뚝한 자비로운 모습은 성명(聖明)을 머금고 ……

## [참고문헌]

〈단행본〉
金元龍, 1968,『韓國美術史』, 汎文社
李蘭暎 編 李丙燾 監修, 1968,『韓國金石文追補』, 中央大出版部 ; 1976, 亞細亞文化社
黃壽永, 1976,『韓國金石遺文』, 一志社 ; 1994, 復刊 ; 1999,『金石遺文 黃壽永全集4』, 혜안
趙東元, 1981,『韓國金石文大系』2, 원광대학교출판부
許興植, 1984,『韓國金石全文』古代篇, 亞細亞文化社
金煐泰, 1992,『三國新羅時代佛敎金石文考證』, 민족사
韓國古代社會研究所 編, 1992,『譯註 韓國古代金石文』Ⅰ, 駕洛國史蹟開發研究院
國史編纂委員會, 1995,『韓國古代金石文資料集』Ⅰ, 國史編纂委員會

權悳永, 2002,『韓國古代金石文綜合索引』, 학연문화사
한국역사연구회 고대사분과, 2004,『고대로부터의 통신』, 푸른역사

〈논문〉
洪思俊, 1954,「(資料)百濟 砂宅智積碑에 대하여」『歷史學報』6, 역사학회 ; 1959,『朝鮮研究年報』1
李弘稙, 1971,「百濟人名考」『韓國古代史의 硏究』
趙鍾業, 1975,「百濟時代 漢文學의 傾向에 對하여-特히 그 騈儷體를 中心으로-」『百濟研究』6
조경철, 2004,「백제 사택지적비에 나타난 불교신앙」『역사와 현실』52

藤澤一夫, 1971,「百濟砂宅智積建堂塔記碑考-貴族造寺事情徵證史料」『アジア文化』8-3

# 5. 扶餘陵山里寺址 石造舍利龕

## 1) 解題

'창왕(昌王)13년'의 명문이 들어간 석조사리감(石造舍利龕)은 1993년 부여 능산리(陵山里)의 절터에서 발견되었다. 사적 434호로 지정된 이 절터는 백제 사비시대의 사찰유적으로, 부여 나성(羅城)과 능산리고분군 사이에 있는 능뫼골 계곡에 자리잡고 있다.

이 절터에 대한 발굴조사는 국립부여박물관에 의해 백제문화권개발계획의 일환으로 1992년부터 2002년까지 8차에 걸쳐 이루어졌는데, 그 결과 수많은 건물터와 배수로 및 다리 등이 확인되었으며, 세상을 떠들썩하게 만든 백제의 대표적인 유물인 백제금동대향로(百濟金銅大香爐)와 함께 본 사리감이 발견되어 나란히 국보 287호와 288호로 지정되었다.

백제금동대향로는 공방(工房)으로 추정되는 건물지에서 발견되었으며, 돌로 만든 사리감은 목탑지의 심초석(心礎石) 위에서 출토되었는데, 여기에는 창왕 13년(567)에 공주(公主)가 사리를 공양(供養)했다는 명문이 새겨져 있어서 이 절이 백제왕실의 기원사찰(祈願寺刹)임을 확인할 수 있었다.

사리감이 출토된 목탑지의 기단규모는 동서 11.79m이며, 그 중심부의 108×133cm 범위에 114cm 정도의 깊이에 묻혀 있었다. 사리감의 규모는 가로, 세로 각각 50cm, 높이 74cm의 크기이며, 밑면이 비교적 납작하고 윗면이 둥근 아치형으로, 정면 중앙에 사리장엄을 넣을 수 있는 아치형의 감실이 파여져 있다.

감실 앞면 양쪽에는 각각 10자씩의 글씨가 음각(陰刻)되어 있는데, 글씨체는 예서풍(隸書風)이 강한 남북조시대(南北朝時代)의 서체로 무녕왕릉(武寧王陵) 지석(誌石)의 서체와 비슷하다. 또한 명문 중에는 북위(北魏)에서만 사용하였던 글자체가 있어서 백제(百濟)와 북위(北魏)의 밀접한 교류를 시사하는 바가 크다.

명문(銘文)을 통해 이 사리감은 성왕(聖王)의 아들로 554년 왕위에 오른 창왕(昌王=威德王)에 의해 567년 만들어졌으며, 성왕(聖王)의 따님이자 창왕(昌王)의 여자 형제인 공주가 사리를 공양하였음을 알 수 있다.

### 2) 原文

百濟昌王十三秊 太歲在丁亥, 妹兄[1]公主供養舍利.

### 3) 飜譯文

백제 창왕 13년 정해에 매형(妹兄)과 공주(公主)가 사리를 공양하다.

## [참고문헌]


〈단행본〉

국립중앙박물관, 1999, 『百濟』(특별전)

〈논문〉

金昌鎬, 1998, 「百濟昌王銘石造舍利龕의 출토 의의」 『佛敎史硏究』2, 中央僧伽大學校 佛敎史學硏究會


1) 이 글자는 北魏에서만 사용하였던 이자체로 되어 있다.(도판 참조)

# 6. 彌勒寺址石塔 金銅舍利奉安記

## 1) 解題

<미륵사지 사리봉안기 출토 상황>

익산 미륵사지(益山彌勒寺址, 사적 150호)는 전라북도 익산시 금마면(金馬面) 용화산(龍華山=현 미륵산) 남쪽 기슭에 위치한 백제시대 최대 규모의 사찰로, 백제 무왕(武王) 2년(601)에 창건되었다고 전해진다. 미륵사에 관한 기록으로는 『삼국유사(三國遺事)』 무왕(武王)조에 보이는 창건기록 설화가 가장 오래된 것이며, 『조선불교총서(朝鮮佛教叢書)』에 실린 고려 초 승려 혜거국사비문(惠居國師碑文)에 의하면 후백제 시기인 922년에 개탑(改塔)되었다고 한다. 이외의 여러 기록으로 미루어 보건대, 미륵사는 백제 무왕대에 창건되어 고려를 거쳐 조선 중기인 17세기 전후에는 폐사된 것으로 추정되고 있다.

미륵사에 대한 조사는 1970년대 원광대학교의 마한·백제문화연구소에 의해 시작되었고, 이후 본격적인 발굴조사는 1980년부터 1994년까지 15년간에 걸쳐 국립문화재연구소에 의해 실시되었다. 그 결과 상당한 수의 명문 토기와 기와 그리고 목간 등이 발굴되었으며, 이를 통해 절의 창건과 개보수(改補修)의 내력을 짐작할 수 있었고, 가람의 구조도 창건연기(創建緣起)에서 말하고 있는 바와 같이 삼금당(三金堂) 삼탑식(三塔式)의 가람배치임이 확인되었다.

국보 제11호로 지정되어 있는 미륵사지석탑(彌勒寺址石塔)은 우리나라에 남아 있는 가장 오래되고 커다란 탑으로, 양식상 목탑에서 석탑으로 이행하는 과정을 충실하게 보여주는 중요한 문화재이다. 그러나 화강암으로 쌓아올린 탑체는 동벽 및 북벽 일부만을 제외하고는 붕괴되어 6층까지만 남아 있다. 또 1915년에 일본인이 시멘트로 보수한 부분은 미관상 매우 보기 좋지 않을뿐더러, 향후 붕괴될 우려가 있어 국가문화재위원회가 1999년 4월 해체보수정비를 결정하였다. 1998년부터 2000년까지의 준비기간을 거쳐 2001년 10월부터 국립문화재연구소가 본격적인 해체보수정비를 추진하였는데, 2009년 1월 14일 미륵사지 석탑의 해체 도중 심주(心柱) 중앙의 사리공(舍利孔)에서 금제 사리호(金製舍利壺), 금제사리 봉안기(金製舍利奉安記) 등 사리장엄(舍利莊嚴)이 발견되었다. 이때 함께 수습된 유물은 모두 500여 점에 달했다.

이 중 세인의 주목을 받은 금제 사리봉안기는 가로 15.5㎝, 세로 10.5㎝ 크기의 금판에 음각하고 붉은 칠[朱漆]을 해 글씨가 명확하게 드러나도록 했다. 백제 왕후가 재물을 희사해 가람(伽藍)을 창건하고, 기해년(639년)에 사리를 봉안해 왕실의 안녕을 기원한다는 내용이 적혀 있다. 이 명문은 미륵사의 창건 목적과 시주(施主), 석탑의 건립연대를 정확히 밝힐 수 있는 귀중한 금석문 자료로 평가된다. 사리봉안기에는 시주자인 왕후가 백제 대성 8족 중 하나인 '사(沙)'씨의 딸로 기록돼 있어 선화공주가 미륵사지를 조성했다는 『삼국유사』의 기록과 차이가 있다는 점에서 더욱 주목받았다.

## 2) 原文

〈앞면〉

竊以法王出世, 隨機赴感, 應物現身, 如水中月. 是以託生王宮, 示滅雙樹, 遺形八斛, 利益三千. 遂使光曜五色, 行遶七遍, 神通變化, 不可思議. 我百濟王后 佐平沙乇積德女, 種善因於曠劫, 受勝報於今生, 撫育萬民, 棟梁三寶. 故能謹捨淨財, 造立伽藍. 以己亥

〈뒷면〉

年正月卄九日, 奉迎舍利, 願使世世供養, 劫劫無盡. 用此善根, 仰資　大王陛下, 年壽與山岳齊固, 寶曆共天地同久. 上弘正法, 下化蒼生. 又願王后, 卽身心同水鏡, 照法界而恒明身, 若金剛等虛空而不滅. 七世久遠, 并蒙福利, 凡是有心, 俱成佛道.

## 3) 飜譯文

가만히 생각하건대, 법왕(法王=부처님)께서 세상에 나오시어, 근기(根機)에 따라 감응(感應)하시고 사물의 변화에 맞추어 몸을 드러내시니, 마치 물속에 달이 비치는 것과 같다. 그런 까닭에 왕궁(王宮)에 태어나시고 사라쌍수(娑羅雙樹)[1] 아래에서 열반에 드시면서, 8곡(斛)의 사리(舍利)를 남겨 3천세계를 이익되게 하셨다. 마침내 오색(五色)으로 빛나는 사리

(舍利)를 7번 요잡(繞匝)[2]하면 그 신통변화는 불가사의할 것이다.

우리 백제 왕후께서는 좌평(佐平) 사택적덕(沙宅積德)의 따님으로 오랜 세월[曠劫]에 걸쳐 선인(善因)을 심어 금생에 뛰어난 과보[勝報]를 받아 만민(萬民)을 어루만져 기르시고 불법승(佛法僧) 삼보(三寶)의 동량(棟梁)이 되셨다. 그런 까닭에 능히 깨끗한 재물[淨財]을 희사하여 가람(伽藍)을 세우셨다.

기해년(己亥年) 정월 29일에 사리(舍利)를 받들어 맞이하고, 원하기를 세세토록 공양하고 영원토록 다함이 없어서 이 선근(善根)을 자량(資糧)으로 하여 대왕폐하(大王陛下)의 수명은 산악과 같이 견고하고 치세[寶曆]는 천지와 함께 영구하여, 위로는 정법(正法)을 넓히고 아래로는 창생(蒼生)을 교화하게 하도록 하소서.

또 원하노니, 왕후(王后)의 신심(身心)은 수경(水鏡)과 같아서 법계(法界)를 비추어 항상 법신(法身)을 밝히시고, 금강(金剛)과 같아서 몸은 허공과 나란히 불멸(不滅)하게 하소서. 또 칠세(七世)의 머나먼 중생들도 함께 복리(福利)를 입게 하시고, 모든 중생들이 모두 불도(佛道)를 이루게 하소서.

## [참고문헌]

〈단행본〉

문화재관리국 문화재연구소, 1989, 『미륵사 유적발굴 조사보고서 I 』

박남수, 1996, 『신라수공업사』, 신서원

문화재청·국립문화재연구소·전라북도, 2009, 『미륵사지석탑 사리장엄』

〈논문〉

박동민, 2007, 「7세기 이전 고대가람의 영조척 추정」, 서울대학교석사학위논문

정자영, 2008, 「백제의 심초 및 사리봉안」『문화재』41-1

권영애, 2009, 「백제미륵사지서탑출토 금제사리봉안기의 서체 연구」, 한국사상사학회 학술발표

김상현, 2009, 「미륵사서탑 사리봉안기의 기초적 검토」『대발견 사리장엄 미륵사의 재조명』 유네스코 세계문화유산 등재를 위한 학술회의.

1) 娑羅雙樹는 쿠시나가라(kuśinagara)에 있던 두 그루의 娑羅樹로, 이 나무 사이에서 붓다가 열반에 들었다고 한다. 따라서 雙樹는 열반 곧 죽음을 뜻하는 말로 쓰인다.

2) 繞匝은 부처의 주위를 돌면서 경의를 표하는 일이다.

김상현, 2009, 「백제무왕의 왕후와 미륵사창건-『삼국유사』무왕조의 사료비판을 중심으로」, 한국사상사학회 학술발표회

김수태, 2009, 「백제무왕대의 대신라 관계」『대발견 사리장엄 미륵사의 재조명』 유네스코 세계문화유산 등재를 위한 학술회의

김주성, 2009, 「미륵사지 서탑 사리봉안기 출토에 따른 제설의 검토」『동국사학』47

박현숙, 2009, 「百濟 武王의 益山 경영과 彌勒寺」『한국사학보』36

배병선·조은경·김현용, 2009, 「미륵사지석탑 사리장엄 수습조사 및 성과」『목간과 문자』3

손환일, 2009, 「백제 미륵사지 서원서탑 금제사리봉안기와 금정명문의 서체」, 신라사학회·국민대한국학연구소 공동학술대회

이송란, 2009, 「미륵사지 금제사리호의 제작기법과 문양 분석」『대발견 사리장엄 미륵사의 재조명』 유네스코 세계문화유산 등재를 위한 학술회의

이용현, 2009, 「미륵사탑 건립과 사택씨 사리봉안기를 실마리로 삼아」, 한국사상사학회 학술발표

이한상, 2009, 「미륵사지서탑 출토 은제관식에 대한 검토」, 신라사학회·국민대한국학연구소 공동학술대회

조경철, 2009, 「백제 익산 미륵사 창건의 신앙적 배경-미륵과 법화를 중심으로」, 한국사상사학회 학술발표

주경미, 2009, 「백제의 사리신앙과 미륵사지 출토 사리장엄구」『대발견 사리장엄 미륵사의 재조명』 유네스코 세계문화유산 등재를 위한 학술회의

문동석, 2010, 「2000년대 백제의 신발견 문자자료와 연구동향」『한국고대사연구』57

한예찬, 2011, 「서동설화의 주체 연구」『溫知論叢』28

# 7. 扶餘隆 墓誌

## 1) 解題

부여융(扶餘隆, 615-682)은 백제의 마지막 왕인 의자왕의 셋째 아들로, 644(의자왕 4)년에 태자로 책봉되었고, 660년 7월 백제의 왕성이 나당연합군에 의해 함락되자 웅진성에 도피하여 있다가 결국 신라군의 포로가 되었다. 그해 9월 당의 장수 소정방을 따라 의자왕 및 왕족·귀족들과 함께 당의 수도인 뤄양[洛陽]으로 끌려갔다.

이듬해인 661년 백제의 유민 복신(福信)·도침(道琛) 등이 부여풍(扶餘豊)을 옹립하여 주류성에 근거를 두고 부흥운동을 꾀하자, 663년 9월 당나라 장수 손인사(孫仁師)와 함께 백촌강전투에 참전하였다. 백강 하구에서 백제를 지원하기 위해 파병되었던 왜군을 대파하였고, 이 싸움의 결과 백제부흥군의 사기는 떨어지고 663년 9월 8일, 주류성은 나당연합군에게 점령당하였다.

이 무렵 당으로부터 광록태부태상원외경(光祿太夫太常員外卿)에 제수됨과 동시에, 웅진도독 대방군왕(熊津都督帶方郡王)에 임명되었다. 664년 2월 웅진도독의 자격으로 당장 유인원(劉仁願)이 주재한 가운데 웅령에서 신라의 김인문과 화친의 서약을 맺었다. 그리고 이듬해 8월에도 유인원 주재로 신라의 문무왕과 웅진 취리산(就利山)에서 화친을 서맹한 뒤, 백제 고지에 대한 웅진도독부의 지배권을 신라로부터 인정받았다.

그런데 취리산 서맹 직후 유인원 일행이 당으로 돌아가자 그도 신라의 압력을 두려워해 당으로 간 뒤 다시는 본국으로 돌아오지 않았다. 그 뒤 신라가 백제의 수도였던 사비성(泗沘城)에 소부리주(所夫里州)를 설치함으로써 백제의 옛 땅에 대한 지배권을 장악하자, 한반도에서 축출된 웅진도독부는 677년 2월 만주의 건안고성(建安故城)으로 옮기게 되었다. 이곳에서 그는 백제 유민들을 안집하였다.

영순(永淳) 원년(682) 68세를 일기로 낙양(洛陽)의 집에서 사망하였으며, 죽은 뒤 당나라 조정으로부터 보국대장군(輔國大將軍)을 추증받았다. 무덤은 중국 하남성 낙양의 북망산(北邙山)에 있었다.

그의 묘지(墓誌)는 1920년 출토되어 하남도서관(河南圖書館)에 소장되어 있다. 묘지의 크기는 가로 세로 모두 58cm이다. 글자는 가로와 세로로 선을 그어 사각형 구획을 만들고 그 안에 한 글자씩 새겼는데, 1행에 27자씩 26행으로 구성되어 있다. 글자는 모두 669자인데, 그 중에는 묘지의 훼손으로 일부 판독되지 않는 글자들도 있다. 글씨체는 예서(隸書)의 필의가 섞인 해서(楷書)체인데, 찬자(撰者)와 서자(書者)는 알 수 없다.

## 2) 原文

公諱隆, 字隆, 百濟辰朝人也. 元□□孫啓祚, 暘谷稱雄, 割據一方, □□[1]千載. 仁厚成俗, 光揚漢史, 忠孝立名, 昭彰晉策. 祖璋, 百濟國王, 沖撝□[2]秀, 器業不羣, 貞觀年, 　詔授開府儀同三司柱國帶方郡王. 父義(慈), 顯慶年授金紫光祿大夫衛尉卿, 果斷沈深, 聲芳獨劭. 趨槀街而沐□[3], 績著來王, 登棘署以開榮, 慶流遺胤.

公幼彰奇表, 夙挺瓌姿, 氣蓋三韓, 名馳兩貊. 孝以成性, 愼以立身. 擇善而行, 聞義能徙. 不師蒙衛而□發慙工, 未學孫吳而六奇閒出. 顯慶之始, 王師有征, 公遠鑒天人, 深知逆順. 奉珍委命, 削衽歸仁, 去後夫之凶, 革先迷之失. 款誠押至, 褒賞荐加, 位在列卿, 榮貫蕃國. 而馬韓餘燼, 狼心不悛, 鴟張遼海之濱, 蟻結丸山之域. 皇赫斯怒, 天兵耀威, 上將擁旄, 中權奉律. 呑噬之筭, 雖稟廟謀, 綏撫之方, 且資人懿, 以公爲熊津都督, 封百濟郡公, 仍爲熊津道摠管兼馬韓道安撫大使. 公信勇早孚, 威懷素洽, 招攜邑落, 忽若拾遺, 翦滅姦匈, 有均沃雪. 尋奉明詔, 脩好新羅, 俄沐鴻恩, 陪覲東岳. 勳庸累著, 寵命日隆, 遷秩太常卿, 封王帶方郡. 公事君竭力, 徇節亡私, 屢獻勤誠, 得留宿衛. 比之秦室, 則由余謝美, 方之漢朝, 則日磾慙德. 雖情深匪懈, 而美疢維幾, 砭藥罕徵, 舟壑潛徙. 春秋六十有八, 薨于私第. 贈以輔國大將軍, 謚曰.

公□[4]操堅慤, 持身謹正, 高情獨詣, 遠量不羈. 雅好文詞, 尤翫經籍, 慕賢才如不及, 比聲利於遊塵. 天不憖遺, 人斯胥悼. 以永淳元年歲次壬午十二月庚寅朔卄四日癸酉, 葬于北芒清善里, 禮也. 司存有職, 敢作銘云

海隅開族, 河孫效祥, 崇基峻峙, 遠派靈長.
家聲克嗣, 代業逾昌, 澤流淲水, 威稜帶方.
餘慶不□[5], 英才繼踵, 執介貞慤, 載其忠勇.

1) 송기호는 '跨躡'로 추정.
2) 송기호는 '淸'으로 추정.
3) 송기호는 '化'로 추정.
4) 송기호는 '植'으로 추정.
5) 송기호는 '孤'으로 추정.

徇國身輕, 亡家義重, 迺遵王會, 遂膺天寵.
桂婁初擾, 遼川不寧, 薄言攜育, 寔賴威靈.
信以成紀, 仁以爲經, 宣風徼塞, 侍蹕云亭.
爵超五等, 班參九列, 虔奉天階, 肅恭臣節.
南山匪固, 東流遽閱, 敢託明旌, 式昭鴻烈.

大唐 故光祿大夫 行太常卿 使持節 熊津都督 帶方郡王 扶餘君墓誌.

## 3) 飜譯文

공은 이름이 융(隆)이고 자(字)도 융(隆)으로, 백제 진조(辰朝) 사람이다. 원래 …… 의 자손으로 처음 나라를 열어 동방의 우두머리로 일컬어지고, 한쪽 귀퉁이에 할거(割據)하여 천년 동안 ……. 어질고 후덕한 풍속은 한(漢)나라 역사책에 빛나고, 충효(忠孝)로 우뚝 세운 이름은 진(晉)나라의 책문(策文)에 훤히 드러났다. 할아버지 장(璋)[6]은 백제의 국왕이었는데, 텅빈 듯 겸손하고 …… 빼어났으며, 도량과 업적은 비교될 자가 없으니, 정관(貞觀, 당 태종의 연호, 627-649) 연간에 조칙(詔勅)을 내려 개부의동삼사(開府儀同三司) 주국(柱國) 대방군왕(帶方郡王)을 수여하였다. 아버지는 의자(義慈)로 현경(顯慶, 당 고종의 연호, 656-660) 연간에 금자광록대부(金紫光祿大夫) 위위경(衛尉卿)을 수여하였으니, 과단성있고도 사려깊어서 향기로운 명성이 홀로 높았다. 고가(藁街)[7]로 달려가 ……를 받드니 그 업적이 후세의 왕들에게 나타났고, 대리시(大理寺)[棘署][8]에 올라 영화를 누리니 그 경사스러움이 후손에게 흘러넘쳤다.

공은 어려서부터 겉모습이 남달랐고, 일찍부터 훌륭한 용모가 뛰어났다. 기세는 삼한(三韓)을 뒤덮을 만했고, 이름은 양맥(兩貊)[9]에 드날렸다. 효성스러움으로써 성품을 이루었고, 신중함으로써 몸을 일으켰다. 선한 것을 택하여 행하였고, 의로운 것을 들으면 능히 이를 좇았다. 여몽(呂蒙)[10]과 위의(衛顗)[11]를 스승으로 삼지 않았어도 …… 그의 학식에 부끄러

6) 璋은 백제 30대 임금인 武王(600-641)의 이름이다.
7) 藁街는 漢代 長安城 남문 안에 蠻夷가 살던 거리 이름이다. 외국사절이 머문 蠻夷邸도 여기에 있었다.
8) 원문의 棘署는 大理寺(대리시)의 별칭이다. 大理寺는 중국에서 중앙의 庶政을 맡아보던 9개의 주요 관청인 九寺(9시)의 하나로 사법과 刑獄에 관한 일을 맡았다.
9) 兩貊은 고구려와 백제를 가리키는 것으로 보인다. 宋基豪, 1992, 「扶餘隆 墓誌銘」『譯註 韓國古代金石文』Ⅰ, 韓國古代社會硏究所, 550쪽.
10) 呂蒙(178-220)은 중국 삼국시대 인물로 周瑜 등과 함께 赤壁에서 曹操를 대파하였고, 여러 전투에서 큰 공을 세웠다. 그러나 별다른 학식이 없어 무식에 가까웠던 까닭에 孫權의 권유로 역사서, 병서를

위 하였고, 손무(孫武)[12]와 오기(吳起)[13]의 병법을 배우지 않았어도 여섯 가지 기묘한 계책[六奇][14]이 잠깐 사이에 나왔다. 현경 연간(656-660)에 황제의 군사가 백제를 정벌하자, 공은 멀리서 천인(天人=天子)을 바라보고는 거역과 순종의 도리를 깊이 깨달았다. 진귀한 물건을 받들어 바치고 (천자에게) 목숨을 맡겼으며, 오랑캐의 풍속을 잘라버리고 어진 데로 돌아왔다. 후부(後夫)의 흉(凶)[15]함을 버리고, 앞서 미혹에 빠져 저지른 잘못을 고쳤다.

공의 정성이 천자에게 여러 차례 보고되자 포상(褒賞)이 거듭 내려졌으니, 그 지위는 공경(公卿)의 반열에 들게 되었고, 영예(榮譽)는 오랑캐 나라[蕃國]의 으뜸이었다. 그러나 마한(馬韓)에 남아 있던 무리들이 이리와 같은 마음을 고치지 않고, 올빼미들이 요해(遼海) 바닷가에서 세력을 펼쳐서, 환산(丸山) 지역에 개미떼처럼 모여들었다[16]. 이에 황제가 크게 노하여 천자의 병사가 위엄을 빛내니, 상장군(上將軍)의 깃발을 옹위하고 중군(中軍)을 지휘하며 군율(軍律)을 받들었다. 이들을 병탄하는 계획은 비록 조정의 명령을 받은 것이지만 백성을 회유하는 방략(方略)은 장수의 덕에 의지하는 것이니, 이에 공을 웅진도독(熊津都督)으로 삼고 백제군공(百濟郡公)에 봉하였으며, 이어서 웅진도총관(熊津道摠管) 겸 마한도안무대사(馬韓道安撫大使)로 삼았다.

공은 신의와 용맹으로 일찍부터 믿음을 받았고, 위엄과 포용력이 본디부터 넉넉하였다. 읍락들을 불러 회유함이 마치 흘린 물건을 줍는 것 같았고, 간흉(姦凶)한 무리를 섬멸하는 것이 뜨거운 물에 눈을 녹이는 것처럼 하였다. 이윽고 천자의 밝은 조서를 받들어 신라와 수호하게 되었고[17], 갑자기 큰 은혜를 입어 동악(東岳=泰山)에서 천자를 모시게 되었다[18].

---

많이 읽어 뛰어난 학식을 겸비하게 되었다. 그리하여 친구인 魯肅이 "옛날 오하의 아몽이 아니구나. [非復吳下阿蒙]"라며 칭송하게 만들었으니, 이것이 유명한 '괄목상대(刮目相對)'의 고사성어다. 노숙이 죽자 그를 대신하여 군사권을 장악하고 오나라의 숙원이었던 형주 탈환에 착수하여 지략으로 관우를 안심시킨 뒤, 기습 공격하여 형주를 점령하고 관우 부자를 생포했다.

11) 衛顗는 삼국시대 魏나라 河東 安邑 사람으로 어려서부터 학문에 뛰어났으며 글씨도 잘 썼다.

12) 孫武는 춘추시대 齊나라 사람으로 『孫子兵法』의 저자이다. 吳王 闔廬의 장군이 되어 그로 하여금 覇者가 되게 했다.

13) 吳起(?-BC.381)는 춘추시대 위(衛)나라 사람으로 초나라의 장수가 되어 이름을 떨친 병법가이다. 저서로 후세인이 편집한 『吳子』가 있다.

14) 중국 고대 兵學의 최고봉인 『六韜』를 말한다. 『六韜』는 흔히 周 太公望의 저서라고 전하나 후세의 假託이다.

15) 後夫之凶은 『周易』의 '比'괘에 나오는 말이다. 比괘는 땅 위에 물이 있는 형상(水地比)으로 先王이 나라를 세우고 제후를 친하게 여기는 괘인데, 그 괘의 첫머리에 "不寧方來 後夫凶"이라고 하였다. 이는 "편하지 않아야 비로소 오는 것이니, 뒤로 미루면 대장부라도 흉하다"라고 해석된다. 따라서 이 구절은 항복하는 것을 뒤로 미루지 않았다는 의미이다.

16) 661년 백제의 유민 福信·道琛 등이 扶餘豊을 옹립하여 주류성에 근거를 두고 부흥운동을 꾀한 사실을 가리킨다.

17) 665년 8월에 熊津城 就利山에서 신라 문무왕과 화친을 맺은 사실을 가리킨다.

18) 東岳은 五嶽의 하나로 동쪽의 鎭山인 泰山을 가리킨다. 태산에 오르면 천하가 태평해진다고 하여 중국 역대 제왕들은 이곳에서 하늘에 제를 올리는 봉선제를 시행하였다. 당 고종은 666년 태산에서 봉선제를 거행하였는데, 부여융도 이때에 고종을 따라 태산의 봉선제에 참여하였음을 알 수 있다.

공훈이 자주 드러나니 총애하는 칙명이 날로 두터워져, 태상경(太常卿)[19]으로 자리를 옮겼고, 대방군(帶方郡)의 왕에 봉해졌다. 공은 임금을 섬기매 온 힘을 다하였고 절개를 위하여 사사로움을 잊었으며, 여러 차례 정성스러움을 바쳐 마침내 머물러 숙위(宿衛)할 수 있게 되었다. 진(秦)나라 황실에 비교하면 유여(由余)[20]가 아름다움을 사양할 것이고, 한나라 왕조에 견주면 김일제(金日磾)[21]가 덕을 부끄러워할 것이다. 비록 인정을 두터이하면서 게으르지 않았고 맛있는 음식을 삼가하였으나, 병이 들어 침과 약이 효험이 없게 되니, 계곡에 숨겨진 배가 모르는 사이에 옮겨지듯이[22] 세상을 떠나게 되었다. 이때 공의 나이는 68세로서 사제(私第)에서 사망하였다. 이에 보국대장군(輔國大將軍)을 추증하였고 시호(謚號)는 ……[23]이다.

공은 굳고 성실한 마음가짐을 …잡고 몸가짐은 신중하고 정직하게 하였으며, 높은 정취에 홀로 이르렀고, 원대한 도량으로 아무데도 얽매이지 않았다. 문사(文詞)를 아주 좋아하였고 경적(經籍)을 더욱 탐독하였다. 현명한 사람을 사모하여 항상 그에 미치지 못하는 듯이 하였고, 명성이나 이익은 먼지처럼 여겼다. 그러나 하늘도 그를 억지로 세상에 머물게 할 수는 없었으니, 사람들이 모두 슬퍼하는 바이다. 영순(永淳, 당 고종의 연호, 682-683) 원년(682) 임오년 12월 24일 계유(癸酉)일에 낙양(洛陽) 북망(北茫) 청선리(淸善里)에 장례를 치렀으니, 예의에 맞는 것이다. 유사(有司)로서 직임을 맡아 감히 다음과 같이 명문을 짓는다.

바다 한 귀퉁이에서 나라를 만드니, 하백(河伯)의 자손이라 상서로움을 본받아, 높다란 기틀 우뚝하게 세우니, 그 갈래 멀리 퍼지고 신령스러움 길게 이어지도다. 가문의 명성을 잘 이어서 대대로 국업(國業)이 더욱 번창하였으니, 은택(恩澤)은 사수(淲水)[24]에까지 흘러내리고 위엄은 대방(帶方)을 눌렀네.

조상들이 쌓은 선행이 ……하지 않아 영민한 후손들이 줄을 이었고, 곧고 성실한 마음을 지켜나가 충성과 용맹을 잃지 않았다. 나라를 위해 자신의 몸은 가벼이 바쳤고, 의리(義理)

---

19) 구시(九寺)의 하나인 태상시(太常寺)의 우두머리. 태상시는 제사를 관장하였다.

20) 由余는 춘추시대 사람으로, 원래 戎族의 신하였으나 나중에 진나라로 들어가 목공에게 중용되어 西戎을 정벌하는 데 크게 공헌하였다.

21) 金日磾(BC.134-BC.86)는 전한시대 匈奴 사람으로 흉노 休屠王의 太子이다. 武帝 때에 무리를 이끌고 한나라에 항복했다. 처음에 馬監이 되었다가 나중에 侍中에 올랐으며, 車騎將軍에 임명되었다. 莽何羅의 모반을 진압한 공로로 秺侯에 봉해졌다. 신라 문무왕비에서는 신라 왕족이 그의 후손이라고 하였다.

22) 舟壑은 壑舟와 같은 말이다. 『莊子』「內篇·大宗師」에 나오는 이야기로, 깊은 골짜기에 감추어 놓은 배도 밤에 이를 끌고 가면 알지 못하는 바와 같이, 모르는 사이에 사물이 끊임없이 변화한다는 의미이다.

23) 謚曰 다음에 두 글자를 새길 여백이 있는데, 이는 아마도 이 묘지문을 작성할 당시에는 아직 謚號가 정해지지 않았기 때문에 후에 보충하기 위해 여백을 남겨둔 것이 아닌가 여겨진다.

24) 淲水는 고구려 주몽신화에 나오는 淹淲水와 같은 강으로 보인다. 송기호, 1992, 앞의 논문, 550쪽.

를 소중히 여겨 집안일은 잊어버렸다. 왕회(王會)[25]의 가르침을 받드니 마침내 천자의 은총을 받게 되었다.

처음에 계루(桂婁)[26]가 어지러워지고 요하(遼河)가 평안하지 못하게 되니, 이에 어린 백성들을 이끌고 천자의 위광에 의지하였다. 신의로써 기강(紀綱)을 이루고 인(仁)으로 법도를 삼아, 변방의 요새에서 교화를 펼쳤고, 하늘에 제사드리는 운운산(云云山)과 정정산(亭亭山)[27]까지 천자를 모시고 다녀왔도다.

작위(爵位)는 5등(五等)[28]을 뛰어넘었고 9명의 재상의 반열[九列][29]에 올라, 정성껏 천자를 받들고 신하의 절도(節度)를 지킴에 엄숙하고 공손하였네. 남산(南山)도 단단하기만 하지는 않고, 흐르는 강물같이 세월이 문득 흘러가니[東流遽閱][30], 감히 명정(銘旌)[31]에 의탁(依託)하여 크나큰 공적을 밝히노라.

대당(大唐)의 고인(故人) 광록대부(光祿大夫)[32] 행태상경(行太常卿)[33] 사지절(使持節)[34] 웅진도독(熊津都督) 대방군왕(帶方郡王) 부여군(扶餘君) 묘지(墓誌).

## [참고문헌]


〈단행본〉

李蘭暎 編 李丙燾 監修, 1968,『韓國金石文追補』, 中央大出版部 ; 1976, 亞細亞文化社

許興植, 1984,『韓國金石全文』古代篇, 亞細亞文化社


---

25) 王會는『逸周書』의 篇名이다. 周公이 洛邑을 만든 뒤 제후들을 크게 소집하여 朝儀와 貢禮를 제정하여 王會篇에 기록하게 하여 후세에 전하도록 하였다고 한다.

26) 桂婁는 고구려를 가리킨다.

27) 원문의 '云亭'은 云云山과 亭亭山으로, 황제들이 하늘에 제사를 지냈던 곳인데 泰山에 있다고 한다.

28) 五等은 公, 侯, 伯, 子, 男의 5단계 爵位이다.

29) 九列은 아홉 사람의 장관을 의미하는데, 여기에서는 당대 9寺(시)의 하나인 太常寺의 장관이 된 것을 가리킨다.

30) 원문의 '東流遽閱'의 東流는 江을 뜻한다. 중국의 강들은 모두 동쪽으로 흘러가기 때문이다. 遽閱은 그 흐름이 빠른 것을 비유한 말이다. 세월이 빠르게 흘러 죽음이 갑자기 닥친다는 의미이다.

31) 明旌은 죽은 사람의 관직, 성명을 적은 깃발로 銘旌, 旌銘, 銘이라고도 한다. 보통 붉은색 긴 천에 흰 글씨로 쓰며, 장사 지낼 때 상여 앞에서 들고 간 뒤에 널 위에 펴 묻는다. 상여의 앞에 세우거나 관에 덮기도 한다.

32) 光祿大夫는 당나라의 종2품에 해당하는 文散官의 품계이다.

33) 太常卿은 禮義와 祭祀를 관장하던 太常寺(태상시)의 장관이다.

34) 使持節은 唐나라 武德(618-626) 초기에 변방의 요충지에 總管을 두어 군대를 통솔하게 하고 그에게 使持節이란 칭호를 덧붙였으니, 대체로 한나라 때의 刺史에 해당한다고 한다.

國史編纂委員會, 1995,『韓國古代金石文資料集』Ⅰ, 國史編纂委員會
權悳永, 2002,『韓國古代金石文綜合索引』, 학연문화사

北京圖書館金石組 編, 1989,『北京圖書館藏 中國歷代石刻拓本匯編』16冊

〈논문〉
李道學, 1987,「웅진도독부의 지배조직과 대일본정책」『백산학보』34
宋基豪, 1992,「扶餘隆 墓誌銘」『譯註 韓國古代金石文』Ⅰ, 韓國古代社會研究所
黃淸連, 1993,「「扶餘隆墓誌」에서 본 當代 中韓關係」『百濟史의 比較研究』, 忠南大學校 百濟研究所
梁起錫, 1995,「百濟 扶餘隆 墓誌銘에 대한 檢討」『國史館論叢』第62輯, 國史編纂委員會
梁起錫, 1997,「百濟 扶餘隆 墓誌銘의 '百濟 辰朝人'」『金顯吉教授定年紀念鄉土史學論叢』, 서울 同刊行委員會

羅振玉, 1982,「唐代海東藩閥誌存」『石刻史料新編』第2輯 第15冊 新文豊出版公司, 臺北
羅振玉, 1982,「芒洛塚墓遺文 4編 劵3」『石刻資料新編』1輯 19冊

內藤虎次郎, 1920,「近獲の二.三史料-夫餘隆墓誌.夫餘隆と新羅王との盟文.泉男生.泉男産墓誌銘.高慈墓誌」『藝文』11-3, 京都大文學會
葛城末治, 1923,「百濟扶餘隆の墓誌に就いて」『朝鮮』103, 朝鮮總督府

# 8. 黑齒常之 墓誌

## 1) 解題

흑치상지(黑齒常之, 630?-689)는 삼국시대 말기 백제의 장군이다. 그의 선조는 원래 부여씨(扶餘氏)였는데, 흑치(黑齒) 지역에 봉해졌으므로 성씨를 흑치로 바꿨다고 한다. 『삼국사기』에서는 그를 백제 서부(西部) 출신으로서 키가 7척을 넘었으며, 날쌔고 용감하고 지략이 있었다고 한다. 그의 집안은 대대로 백제의 제2품관인 달솔(達率)을 제수받았으므로, 그도 달솔의 관등을 받고 풍달군(風達郡) 군장(郡長)을 겸했다.

서기 660년에 백제의 사비성이 신라·당 연합군에게 함락당하고 의자왕이 항복하자 흑치상지도 역시 항복하였다. 그러나 당나라 군대가 의자왕을 가두고 노략질하자 흑치상지는 임존성(任存城)에 의지하며 군사를 모아 당나라 군대에 대항하였다. 저항 초기에는 신라와 당에게 빼앗겼던 200여 성을 회복하는 등 많은 성과를 올렸지만 결국은 유인궤(劉仁軌)에게 항복하였으며, 오히려 백제의 부흥운동세력을 공격해 항복을 받아냄으로써 당나라 조정의 신임을 얻었다.

이 공로로 흑치상지는 당나라로부터 인덕(麟德, 664-665) 초년에 절충도위(折衝都尉)라는 벼슬을 받고 웅진성(熊津城)에 주둔하였다. 함형(咸亨) 3년(672)에는 공적(功績)에 따라 충무장군(忠武將軍) 행대방주장사(行帶方州長史)에 임명되었으며, 얼마 안 있어 사지절(使持節) 사반주제군사(沙泮州諸軍事) 사반주자사(沙泮州刺史)로 승진하고 상주국(上柱國)을 제수받았다. 이후 좌령군장군(左領軍將軍) 겸 웅진도독부사마(熊津都督府司馬)가 되었으며, 부양군(浮陽郡) 개국공(開國公)과 식읍(食邑) 2천 호(戶)를 더 받았다.

이어서 서기 678년경에는 돌궐과의 전투에 도하도경략부사(洮河道經略副使)로 참가해 공을 세우고 좌무위장군(左武衛將軍)이 되었으며, 다시 좌응양위대장군(左鷹揚衛大將軍) 연연도부대총관(燕然道副大摠管)에 임명되었다. 684년에는 서경업(徐敬業)의 모반을 평정하여 좌무위대장군(左武衛大將軍) 검교좌우림군(檢校左羽林軍)으로 승진하였다. 687년에는 연연도대총관(燕然道大摠管)으로서 돌궐을 쳐서 공을 세워 연국공(燕國公)에 봉해지고 식읍(食邑) 3천 호를 받았다. 그리고 다시 우무위위대장군(右武威衛大將軍) 신무도경략대사(神武道

經略大使)라는 벼슬을 받았다.

그 뒤 회원군경략대사(懷遠軍經略大使)로 자리를 옮겨 찬보벽(爨寶壁)과 함께 돌궐을 토벌하였다. 이때 찬보벽이 혼자 무리하게 돌궐을 공격하여 크게 패하였는데, 흑치상지도 이에 연루되어 공이 없어졌다. 그리고 측천무후(則天武后) 때인 서기 689년에 혹리(酷吏)로 유명한 주흥(周興) 등의 무고로 조회절(趙懷節) 등의 반란에 연루되어 옥중에서 죽었다. 죽은 지 10년째인 698년에 맏아들 흑치준(黑齒俊) 등의 노력으로 억울함이 인정되어 죽기 전의 관직인 좌무위위대장군(左武威衛大將軍) 검교좌우림위(檢校左羽林衛) 상주국(上柱國) 연국공(燕國公)을 되찾았다. 그리고 영혼을 위로하는 뜻에서 좌옥검위대장군(左玉鈐衛大將軍)을 더해주었다.

그의 묘지는 1929년 10월에 중국 하남성(河南省) 낙양(洛陽)의 망산(邙山)에서 그의 아들 흑치준의 묘지와 함께 출토되었다. 처음에 이근원(李根源)이 이를 구입하여 소장하였다가 소주(蘇州)의 문관회(文管會)에 기증되었고, 지금은 남경박물원(南京博物院)에 소장되어 있다.

묘지는 41행으로 행마다 41자씩 모두 1,604자가 쓰여 있다. 크기는 길이 72cm, 너비 71cm로 정방형에 가깝다. 찬자(撰者)와 서자(書者)는 불명이나, 내용으로 보아 흑치상지와 군대에 같이 있으면서 그를 흠모하였던 인물이 지은 것임을 알 수 있다. 글씨는 구양순(歐陽詢) 서체의 단정한 해서(楷書)로 쓰였다. 그 중에는 측천무후가 만든 글자도 다수 포함되어 있으나, 판독문에서는 모두 상용체로 바꾸었다.

흑치상지의 생애와 활동은 이미 『구당서(舊唐書)』 권109와 『신당서(新唐書)』 권110의 열전 및 『삼국사기(三國史記)』 권44의 열전에 실려 있고, 이들 책의 본기(本紀)에도 산견되어 나타난다. 이 중에서 가장 자세한 것은 『신당서』 흑치상지전(黑齒常之傳)이다. 그런데 이 묘지가 발견됨으로써 문헌에 기록되어 있지 않은 사실들이 다수 보충될 수 있게 되었다. 그러나 그의 백제에서의 활동 특히 백제 부흥운동을 전개하였던 사실은 기록되어 있지 않은데, 이는 당시의 형편으로 보아 어쩔 수 없는 일이라고 생각된다.

## 2) 原文

大周 故左武威衛大將軍 檢校左羽林軍 贈左玉鈐衛大將軍 燕國公 黑齒府君墓誌文 并序

太淸上冠, 合其道者坤元, 至無高居, 參其用者師律. 不有命世之材傑, 其奚以應斯數哉. 然則求玉榮者, 必遊乎密山之上, 蘊金聲者, 不恨乎魯門之下矣.

府君諱常之, 字恒元, 百濟人也. 其先出自扶餘氏, 封於黑齒, 子孫因以爲氏焉. 其家世相承爲達率, 達率之職, 猶今兵部尙書, 於本國二品官也. 曾祖諱文大, 祖諱德顯, 考諱沙次, 並官至達率.

府君少而雄爽, 機神敏絶, 所輕者嗜欲, 所重者名訓. [1]府深沈, 淸不見其涯域, 情軌闊達, 遠不形其里數. 加之以謹慤, 重之以溫良. 由是, 親族敬之, 師長憚之. 年甫小學, 卽讀春秋左氏傳, 及班馬兩史. 歎曰, 丘明恥之, 丘亦恥之, 誠吾師也. 過此何足多哉. 未弱官, 以地籍授達率. 唐顯慶中, 遣邢國公蘇定方, 平其國, 与其主扶餘隆, 俱入朝, 隷爲萬年縣人也.

麟德初, 以人望授折衝都尉, 鎭熊津城, 大爲士衆所悅. 咸亨三年, 以功加忠武將軍行帶方州長史, 尋遷使持節沙泮州諸軍事沙泮州刺史, 授上柱國. 以至公爲己任, 以忘私爲大端. 天子嘉之, 轉左領軍將軍, 兼熊津都督府司馬, 加封浮陽郡開國公, 食邑二千戶. 于時, 德音在物, 朝望日高. 屬蒲海生氛, 蘭河有事, 以府君充洮河道經略副使, 實有寄焉. 府君稟質英毅, 資性明達. 力能翹關, 不以力自處, 智能禦寇, 不以智自聞. 每用晦而明, 以蒙養正[2]. 故其時行山立, 具瞻在焉. 至於仁不長姦, 威不害物, 賞罰有必, 勸沮無違. 又五校之大經, 三軍之元吉, 故士不敢犯其令, 下不得容其非. 高宗每稱其善, 故以士君子處之也. 及居西道, 大著勳庸. 于時, 中書令李敬玄爲河源道經略大使, 諸軍取其節度. 赤[3]水軍大使尙書劉審禮, 旣以敗沒, 諸將莫不憂懼. 府君獨立高崗之功, 以濟其難, 轉左武衛將軍, 代敬玄爲大使, 從風聽也. 府君傍無聲色, 居絶翫好. 枕藉經書, 有祭遵之樽俎, 懷蘊明略, 同杜預之旌旗. 胡塵肅淸而邊馬肥, 漢月昭亮而天狐滅. 出師有頌, 入凱成歌. 遷左鷹揚衛大將軍燕然道副大摠管. 垂拱之季, 天命將革, 骨卒祿狂賊也, 旣不覩其微, 徐敬業逆惡也, 又不量其力. 南靜淮海, 北掃旄頭, 並有力焉, 故威聲大振. 制曰, 局度溫雅, 機神爽晤, 夙踐仁義之途, 聿蹈廉貞之域. 言以昭行, 學以潤躬, 屢摠戎麾, 每申誠效. 可封兼國公, 食邑三千戶. 仍改授右武威衛大將軍神武道經略大使, 餘如故. 於是, 董玆哮勇, 剪彼凶狂, 胡馬無南牧之期, 漢使靜北遊之望, 靈夏衝要, 妖羯是瞻, 君之威聲, 無以爲代. 又轉爲懷遠軍經略大使, 以遏游氛也. 屬禍流群惡, 釁起孤標, 疑似一彰, 玉石斯混. 旣從下獄, 爰隔上穹, 義等絶頏, 哀同仰藥. 春秋六十.

長子俊, 幼丁家難, 志雪遺憤. 誓命虜庭, 投軀漢節, 頻展誠效, 屢振功名. 聖曆元年, 寃滯斯鑒, 爰下制曰, 故左武威衛大將軍檢校左羽林衛上柱國燕國公黑齒常之, 早襲衣冠, 備經駈榮, 亟摠師律, 戴宣績效. 往遘飛言, 爰從訊獄, 幽憤殞命, 疑罪不分. 比加檢察, 曾無反狀, 言念非(専), 良深嗟憫. 宜從雪免, 庶慰塋魂, 增以寵章, 式光泉壤. 可贈左玉鈐衛大將軍, 勳封如故. 其男游擊將軍行蘭州廣武鎭將上柱國俊, 自嬰家各, 屢效赤誠, 不避危亡, 捐軀徇國. 宜有裒錄, 以申優

1) 府자 앞에 한 글자 정도의 빈 공간이 있으나 자획은 확인되지 않는다. 어쩌면 뒤에 새기려고 비워 두었다가 잊어버리고 한 글자를 빠뜨린 것이 아닌가 여겨진다.

2) 글자의 모양은 '缶'와 비슷하지만 이 글자는 '正'의 則天新字體인데, 본 묘지에는 이 글자 이외에도 여러 군데에 則天武后가 만든 新字들이 쓰이고 있다.

3) 송기호는 '亦'으로 읽었으나 자형은 '赤'이 분명하다.

奬, 可右豹韜衛翊府左郎將, 勳如故. 粤以聖曆二年壹月卄二日, 勅曰, 燕國公男俊, 所請改葬父者, 贈物一百段, 其葬事幔幕手力一事以上官供, 仍令京官六品一人檢校. 卽用其年二月十七日, 奉遷于邙山南官道北, 禮也.

惟府君, 孤峯偉絶, 材幹之表也, 懸鏡虛融, 理會之臺也. 言□[4]而意博, 無枝葉之多蔽, 謀動而事成, 有本末之盡美. 夙夜非懈, 心存於事上, 歲寒不移, 志在於爲下. 非君子之所闞, 懷必不入於思慮, 非先王之所貽, 訓必不出於企想. 自推轂軍門, 建節邊塞. 善毀者, 不能加惡, 工譽者, 不能增美. 智者見之, 謂之智, 仁者見之, 謂之仁. 至於推財忘己, 重義先物, 雖刎首不顧其利, 傾身不改其道. 由是, 懦夫爲之勇, 貪夫爲之廉. 猶權衡之不言, 而斤兩定其謬, 騊駼之絶足, 而駑駘知其遠. 至於吏能貞幹, 走筆而雙璧自非, 鑒賞人倫, 守默而千金成價. 固非當世之可效, 盖拔萃之標准也. 榮辱必也, 死生命也. 苟同於歸, 何必終於婦人之手矣. 余嘗在軍, 得參義所, 感其道, 頌其功. 乃爲銘曰,

談五岳者, 不知天台之翠屛也, 觀四瀆者, 不晤雲洲之丹榮也. 恭聞日碑爲漢之鞞, 亦有里奚爲秦之梯. 苟云明哲, 輿衆殊絶, 所在成寶, 何往非晰. 惟公之自東兮, 如春之揚風兮. 文物資之以動色, 聲明佇之以成功兮. 悠悠旌旆, 肅肅軒盖. 擊鴻鍾鼓鳴籟云, 誰之榮伊我德聲. 四郊無戎馬之患, 千里捍公侯之城. 勳積旣展矣, 忠義旣顯矣. 物有忌乎貞剛, 行有高而則傷. 中峯落其仞, 幽壤淪其光. 天下爲之痛, 海內哀其良. 天鑒斯孔, 裒及存亡. 余實感慕, 爲之頌章. 寄言不朽, 風聽無疆.

### 3) 飜譯文

대주(大周)[5]의 고(故) 좌무위위대장군(左武威衛大將軍)[6] 검교(檢校)[7]좌우림군(左羽林軍)[8] 증좌옥검위대장군(贈左玉鈐衛大將軍)[9] 연국공(燕國公)[10] 흑치부군(黑齒府君) 묘지문(墓誌文)

---

4) 갓머리(宀) 밑에 바를 직(直)을 쓴 것으로 보이는데 어떤 글자인지 미상이다.

5) 周는 則天武后가 세운 武周(690-705)를 가리킨다. 이 비가 만들어진 것이 699년이므로 이 시기에 해당한다. 그런 까닭으로 이 비문에는 武后가 만든 글자들이 포함되어 있다.

6) 左武威衛는 황제가 직접 통솔하였던 중앙군인 16衛의 하나이다. 左武威衛는 684년에 左驍衛를 개칭한 것으로 705년에 다시 원래의 이름으로 돌아갔다. 대장군은 左武威衛의 최고의 직책으로서 정3품에 해당한다.

7) 檢校는 唐나라의 加官의 일종으로서 太師로부터 員外郞에 이르기까지 모두 검교가 있었다.

8) 左羽林軍은 당나라 6軍 중의 하나이다. 여기서는 加官의 형태로 左羽林軍大將軍에 봉해졌다.

9) 左玉鈐衛는 당나라 16衛의 하나이다. 원래 左領軍衛였는데, 684년에 이 명칭으로 바뀌었다가 705년에 다시 원래 이름으로 돌아갔다. 贈은 사망한 뒤에 추증된 관직을 의미한다.

10) 燕國公의 '國公'은 당나라의 封爵으로 종1품에 해당한다.

및 서문(序文)

하늘을 위로 이고 있으면서 도(道)에 합하는 것은 땅이고, 더 이상 오를 수 없는 높은 지위에 올라 그 재주를 발휘할 수 있는 것은 군율(軍律)이 있기 때문이다. 그러나 세상에 뛰어난 준걸(俊傑)이 아니라면 어찌 이러한 운수(運數)를 만날 수 있겠는가? 그러므로 아름다운 옥을 구하고자 하는 사람은 반드시 밀산(密山)[11] 위에서 노닐고, 지혜와 덕[金聲][12]을 쌓은 사람은 공자의 문하 아래에 있음을 한탄하지 않는 것이다.

부군(府君)은 이름이 상지(常之)이고 자는 항원(恒元)으로 백제 사람이다. 그 조상은 부여씨(扶餘氏)로부터 나왔는데 흑치(黑齒)[13]에 봉해졌기 때문에 자손들이 이를 씨로 삼았다. 그 가문은 대대로 달솔(達率)을 이어받았는데, 달솔이란 직책은 지금의 병부상서(兵部尙書)와 같으며, 본국의 두 번째로 높은 관직이다. 증조부는 이름이 문대(文大)이고, 할아버지는 덕현(德顯)이며, 아버지는 사차(沙次)로, 모두 벼슬이 달솔에 이르렀다.

부군은 어려서부터 호쾌하고 시원스러웠고, 영리하고도 민첩하였다. 즐거움과 쾌락을 가벼이 여기고, 명예와 교훈을 중히 여겼다. 생각이 깊고 그윽하여 그 끝을 알 수 없을 정도로 맑았고, 도량이 넓고 활달하여 그 크기를 짐작할 수 없을 만큼 아득하였다. 여기에다가 신중하고 성실하였을뿐 아니라 온화하고도 선량하였다. 이런 까닭에 친족들은 그를 공경하였고, 스승과 어른들도 그를 어려워하였다. 소학(小學)[14]에 들어갈 나이에 『춘추좌씨전(春秋左氏傳)』과 사마천(司馬遷)의 『사기(史記)』, 반고(班固)의 『한서(漢書)』를 읽었다. 이에 탄식하여 말하기를 "좌구명(左丘明)이 이를 부끄럽게 여기니 공자도 역시 부끄럽다 하였으니[15], 이분들은 진실로 나의 스승들이다. 어찌 이보다 더한 것을 구하랴?"고 하였다. 스무살이 채 안되어 출신 문벌에 의해 달솔(達率)의 벼슬을 받았다. 당나라 현경(顯慶, 656-660) 중에 형국공(邢國公) 소정방(蘇定方)을 보내어 그 나라를 평정하자, 그 임금인 부여융(扶餘隆)과 함께 입조(入朝)하니, 이들을 만년현(萬年縣) 사람으로 삼았다[16].

---

11) 密山은 중국 고대의 전설적인 산으로, 그 양지 쪽에는 옥이 많고 음지 쪽에는 철이 많다고 한다.

12) 金聲은 '金聲玉振'의 준말로 음악을 연주할 때에 쇠로 만든 종(鐘)을 쳐서 시작을 알리고, 옥으로 만든 경(磬)으로 끝맺었다고 한다.《孟子·萬章下》에 "金聲也者, 始條理也, 玉振之也者, 終條理也. 始條理者, 智之事也, 終條理者, 聖之事也."라 하였다.

13) 黑齒의 위치에 대해서는 여러 견해가 있다. 이를 동남아시아나 필리핀 지역으로 보아야한다는 견해도 있지만(이도학), 한반도의 백제 영역 안일 가능성이 크다.

14) 小學은 중국 고대 학교인데, 입학 연령에 대해서는 여러 견해가 있다. 『尙書大傳』에는 13세에 소학에 들어가고 20세에 대학에 들어간다 하였고, 『新書』에는 9세에 소학에 들어가고 15세에 대학에 들어간다 하였으며, 『大戴禮』와 『白虎通』 등에는 8세에 소학, 15세에 대학에 들어간다고 하였다.

15) 『論語』 公冶長편에 "子曰, 巧言令色足恭, 左丘明恥之, 丘亦恥之. 匿怨而友其人, 左丘明恥之, 丘亦恥之."라고 하였다.

16) 萬年縣은 당나라 京兆府 京兆郡에 소속된 縣으로 지금의 西安市 남쪽에 해당한다. 『舊唐書』 권4에 의하면 麟德 원년(664) 8월에 만년현에 죄수를 내려주었다고 하였는데, 아마 이때 흑치상지가 이곳

인덕(麟德, 664-665) 초에 사람들의 추천으로 절충도위(折衝都尉)[17]를 제수하고 웅진성(熊津城)을 지키게하니 많은 사람들이 크게 기뻐하였다. 함형(咸亨) 3년(672)에는 공적에 따라 충무장군(忠武將軍) 행대방주[18]장사(行帶方州長史)의 벼슬을 더하였다. 얼마 안 있어 사지절(使持節) 사반주[19]제군사(沙泮州諸軍事) 사반주자사(沙泮州刺史)로 관직을 옮기고 상주국(上柱國)[20]을 제수받았다. 지극한 공정(公正)함을 자신의 소임으로 알고, 사사로움을 잊어버리는 것을 커다란 강령으로 삼았다. 천자가 이를 가상히 여겨 좌령군장군(左領軍將軍)[21] 겸 웅진도독부사마(熊津都督府司馬)로 직책을 옮기게 하였고, 부양군(浮陽郡)[22] 개국공(開國公)의 직을 더하니 식읍(食邑)이 2,000호(戶)였다.

이때에 임금님의 말씀이 늘 가까이 있었고, 조정의 인망(人望)이 날로 높아졌다. 마침 포해(蒲海)[23]에서 좋지 않은 조짐이 있고 난하(蘭河)[24]에서 일이 벌어지자, 부군을 도하도경략부사(洮河道經略副使)[25]로 충원하니, 실로 그에 대한 기대가 컸다. 부군은 성품이 영민하고 굳셌으며, 타고난 자질이 사리에 통달하였다. 힘으로는 능히 무거운 문빗장을 들어올릴 수 있었으나[翹關][26] 힘센 것을 자랑하지 않았고, 지혜로는 능히 외적을 방비할 수 있었으나 스스로 알려지기를 원하지 않았다. 매번 어리석음으로써 밝음을 이루고 몽매한 듯이 숨어서 올바른 도를 길렀다[以蒙養正][27]. 그런 까닭에 때에 맞는 행실이 산처럼 우뚝하여 흔들리지 않으니[時行山立][28] 모든 사람들이 우러러보는 바가 되었다.

인자하여 간사함을 기르지 않았고, 위엄을 갖추되 다른 사람을 해치지 않았으며, 상벌(賞罰)은 반드시 원칙에 따랐고, 선을 권하고 악을 말리는 데에는 어긋남이 없었다. 또한 오교

---

에 살게 되었던 것으로 보인다.

17) 折衝府는 唐代 府兵의 기본적인 조직의 명칭이다. 貞觀 10년(636)에 軍府를 통칭하여 折衝府라고 하고 그 장관을 折衝都尉, 그 차관을 果毅都尉라고 하였다.

18) 帶方州는 원래 백제의 竹軍城으로 당이 백제 옛 땅에 설치한 7개 州 중에 하나이다.

19) 沙泮州 또한 백제의 号尸伊城으로 당이 백제 옛 땅에 설치한 7개 州 중에 하나이다.

20) 上柱國은 당나라의 제1급에 해당하는 勳官이다.

21) 左領軍將軍은 당나라 16衛의 하나인 左領軍衛의 將軍이다.

22) 浮陽郡은 중국 河北道 滄州의 속현인 淸池縣의 옛 이름이다. 漢나라 때에 浮陽縣을 두어 渤海郡의 治所로 삼았으나, 수나라 때에 淸池縣으로 개칭되었다. 현재 하북성 滄州市 동남쪽 40리 떨어진 곳이다.

23) 蒲海는 곧 蒲類海이다. 옛 호수 이름으로 지금의 新疆 위구르자치구 동쪽의 巴里坤湖이다.

24) 중국에는 여러 곳에 蘭河가 있는데, 여기의 난하는 蘭州의 동쪽인 寧夏回族自治區 固原市 부근의 蘭河인 것으로 여겨진다.

25) 洮河(도하)는 황하 상류의 지류로 지금의 감숙성 남서쪽에 있다. 도하도경략사는 대개 吐藩을 정벌하는 군의 지휘자들에게 주어진 직함이다.

26) 翹關(교관)은 문의 빗장을 들어올린다는 뜻으로 힘이 센 것을 의미한다. 측천무후 때에는 武科 시험 과목의 하나였다.

27) '以蒙養正'은 '蒙以養正'과 같은 말이다. 『周易』 蒙괘에 "蒙以養正, 聖功也."라 하였는데, 그 뜻은 "몽매한 듯 숨어서 조용히 올바른 도를 기른다면 성인의 경지에 도달할 수 있다"는 뜻이다.

28) '時行山立'은 '山立時行'과 같은 말로 『禮記』 玉藻편에 보인다. 산과 같이 우뚝하여 흔들리지 않는 모습이란 뜻이다.

(五校)[29]의 커다란 근간을 이루고 삼군(三軍)의 크나큰 복이 되었으니, 이에 그 명령을 어기지 못하였고, 병졸들은 그 잘못을 용서받을 수 없었다.

고종(高宗)이 매번 그의 선함을 칭찬하고 사군자(士君子)로 대우하였다. 서도(西道)에 있을 때에 공훈이 크게 드러났다. 이때에 중서령(中書令) 이경현(李敬玄)[30]이 하원도경략대사(河源道經略大使)가 되자 여러 장수들이 그의 지휘권을 마음대로 취하였다. 적수군대사(赤水軍大使)[31] 상서(尙書) 유심례(劉審禮)가 이미 패하여 죽자 여러 장수들이 근심하고 두려워하지 않는 자가 없었는데, 부군만이 홀로 우뚝 높은 공을 세워 그 어려움을 극복하니, 좌무위장군(左武衛將軍)[32]으로 직책을 옮기고 이경현을 대신하여 대사(大事)가 되었으니, 이것은 그의 풍문(風聞)을 따른 것이다.

부군은 곁에 음악과 여색을 두지 않았으며, 특별히 애호하는 물건도 없었다. 잘 때는 경서(經書)를 베개로 삼았으니 제준(祭遵)[33]처럼 예의범절을 중시하였고, 명철한 지략을 품었으니 두예(杜預)[34]가 깃발을 많이 세워 적을 혼란에 빠뜨린 지모(智謀)와 같다 할 것이다. 오랑캐의 난리가 깨끗이 평정되니 변방의 말이 살찌게 되었고, 중원의 달이 훤하게 비치게 되니 하늘의 요사스러운 기운이 사라졌다. 전쟁터에 출정하면 칭송이 뒤따랐고, 개선하여 돌아오면 노래가 생겼다. 좌응양위대장군(左鷹揚衛大將軍)[35] 연연도부대총관(燕然道副大摠管)으로 벼슬을 옮겼다.

수공(垂拱, 685-688) 말년에 천명이 장차 바뀌려 하였는데[36], 돌궐(突厥)의 골졸록(骨卒

---

29) 五校는 당나라 지방군의 편성체제이다. 처음 漢나라에서 京師를 지키는 군대를 5營으로 나누고 이를 北軍五校라 하였으며, 每校의 首領을 校尉라고 불렀다. 唐나라와 五代에서는 地方軍隊에 또한 이러한 편제를 두었다.

30) 李敬玄(615-682)은 당나라 亳州 譙縣 사람으로 박식하고 서찰을 잘 썼다. 儀鳳 원년(676)에 劉仁軌를 대신하여 中書令이 되었다. 調露 2년(680)에 吐蕃이 쳐들어오자 高宗이 그에게 토번을 방어하도록 하였다. 副將 劉審禮가 선봉으로 토번군을 공격하였으나 이경현이 무서워 도망하자 유심례가 패하여 죽었고, 이때 偏將 黑齒常之가 홀로 적과 맞서 싸웠다. 이 일로 이경현은 衡州刺史로 좌천되었다.

31) 赤水軍은 현재 감숙성 武威縣의 西南쪽으로 凉州鎭이나 河西節度使의 소관이었다. 토번과 돌궐을 방비하는 요충으로,『元和志』에 의하면 규모가 赤水軍보다 큰 것은 없다고 하였다.

32) 左武衛는 당나라 16衛의 하나이다. 左武衛將軍은 左武衛大將軍 다음의 부지휘관으로 종3품에 해당한다.

33) 祭遵(?-33)은 後漢 사람으로 어려서부터 經書를 좋아하였다. 光武帝를 따라 河北을 평정하여 그 공로로 征虜將軍이 되었다. 그는 전쟁 중이라도 俎豆[祭器]를 잊지 않을 정도로 예의를 중시하였다고 한다.

34) 杜預(222-284)는 西晉 杜陵 사람으로 박학하고 지략이 뛰어났다. 그는 太康 원년(280) 정월에 吳의 江陵을 공격할 적에 8백 명의 기습 군대를 보내어 밤에 강을 건너게 한 뒤, 樂鄕을 습격하여 깃발을 많이 세우고 巴山에 불을 질러 적을 혼란에 빠뜨리게 하였다. 문무를 겸비하여 박학하고 여러 분야에 정통했는데, 특히『春秋』에 정통하였다. 그가 지은『春秋左氏經傳集解』는 十三經注疏에 편입되었다.

35) 左鷹揚衛는 당나라 16衛의 하나로 대장군은 정3품에 해당한다.

36) 중종을 폐위하고 실질적으로 정권을 잡은 측천무후가 690년에 이르러 나라 이름을 周로 고치고 황제를 칭하게 된다. 천명이 장차 바뀌려 하였다는 것은 이를 두고 한 말이다.

祿)[37]은 미친 도적으로 자신의 미미함을 살피지 못하였고, 서경업(徐敬業)[38]은 반역의 악당으로 또한 자신의 힘을 헤아리지 못하였다. 남쪽으로 회음(淮陰, 江蘇省 淮陰縣)과 해릉(海陵, 江蘇省 泰州市)을 평정하고 북쪽으로 오랑캐 군사를 섬멸하는 데에 모두 큰 힘이 되었으니, 그의 위세와 명성이 크게 떨치게 되었다. 이에 천자가 제(制)를 내려 이르기를 "도량이 온화하고도 우아하며 타고난 기질이 총명하여, 일찍부터 인의(仁義)의 도리를 실천하고 마침내 청렴하고 곧은 경지에 다다랐도다. 말한 것은 분명히 행하고 배운 것으로 자신을 윤택하게 하였으며, 여러 차례 장수의 자리를 맡았는데 그때마다 정성을 다한 결과를 보고하였다. 가히 겸국공(兼國公)[39]과 식읍(食邑) 3,000호를 봉할 만하다. 그리고 우무위위대장군(右武威衛大將軍) 신무도경략대사(神武道經略大使)의 벼슬을 내리고 나머지는 그 전대로 하노라."고 하였다.

이때에 으르렁거리는 용감한 병사들을 통솔하여 흉악하고 미친 무리들을 무찌르니, 오랑캐의 말들은 남쪽의 풀을 뜯을 기약이 없었고, 중국의 사신들이 북쪽으로 가는 길이 편안하였다. 영주(靈州)와 하주(夏州)[40]는 요충지로서 요사스런 갈족(羯族) 오랑캐들이 자주 노략질하던 곳이었으나, 부군의 위세와 명성으로 그들도 어찌할 수가 없게 되었다. 다시 회원군경략대사(懷遠軍經略大使)로 자리를 옮겨 떠도는 재앙의 씨앗을 막았다. 마침 재앙이 여러 악한 무리로부터 흘러나와 고고한 품격을 가진 부군에게 거듭 달라붙으니, 의심이 마치 명백한 사실인 양 되어버려 옥과 돌이 섞여 구분하지 못하게 되었다. 한 번 옥에 갇혀 멀리 천자를 뵈올 수 없게 되니, 의로움은 목을 끊는 것과 같았고, 애처로움은 독약을 마시는 듯하였으니, 이때 나이 60세였다.

맏아들 준(俊)은 어려서 집안이 재난을 당하자 돌아가신 아버지의 분함을 풀어드리려는 뜻을 세웠다. 오랑캐의 조정에서 목숨 바칠 것을 맹세하다가 천자의 조정에 몸을 맡겨, 자주 충성스런 전공을 세웠고 누차 공명을 떨쳤다. 성력(聖曆) 원년(698)에 원통함이 쌓인 것을 천자께서 훤히 살펴보시고 이에 제(制)를 내려 이르기를,

"고인이 된 좌무위위대장군(左武威衛大將軍) 검교좌우림위(檢校左羽林衛)[41] 상주국(上柱

---

37) 骨卒祿(쿠틀룩, ?-693)은 東突厥의 可汗으로서 당나라를 자주 침범하였는데, 垂拱 3년(687)에 그가 공격해오자 흑치상지가 이를 물리쳤다. 그가 죽은 뒤에 동생 默啜이 왕이 되었다.

38) 徐敬業(?-684)은 원래는 李敬業으로 李勣의 손자이다. 젊어서 이적을 따라 정벌에 나서 용맹을 떨쳤으며, 그 공으로 英國公을 계승하고 太僕少卿과 眉州刺史를 역임했다. 中宗 嗣聖 원년(684)에 柳州司馬로 좌천되었다. 則天武后가 황제를 폐위하고 당나라 종실 사람을 살육하자 揚州에서 난을 일으켜 측천무후에 대항하였는데, 세력을 크게 떨쳐 무리가 10여 만 명에 이르렀다. 이에 측천무후는 李孝逸을 파견하여 이를 격파하도록 하였고, 그의 조상들의 관작을 삭탈하여 본래의 성인 徐씨로 되돌렸다. 이때 흑치상지로 하여금 江南 지방의 군사를 이끌고 이효일을 돕도록 하였다. 결국 서경업이 패하여 海陵 부근으로 도망하였으나 부하에게 죽임을 당하였다.

39) 燕國公의 誤記로 보인다.

40) 靈州와 夏州는 모두 西安 북쪽 만리장성 부근이다.

41) 묘지의 표제어에는 檢校左羽林軍으로 되어있다.

國) 연국공(燕國公) 흑치상지는 일찍이 벼슬을 물려받아 전쟁터의 영예를 두루 거쳤으며, 장교들은 감히 누차 군율(軍律)을 담당하여 천자의 명을 받들어 공을 세웠다. 지난번에 유언비어에 연루되어 옥에 갇혀 심문을 받았는데, 분함을 품고서 세상을 떠났지만 의심받았던 죄는 가려내지 못하였다. 이를 자세히 검토하여 살펴보니, 모반하였던 증거는 하나도 없고 오로지 그런 것만은 아니라 생각되니 실로 깊이 한탄하고 민망스럽다. 마땅히 원통함을 풀고 죄를 면하게 하여 무덤 속의 영혼을 위로하고자 한다. 총애하는 표시로 관작을 더하여 죽은 이를 영광스럽게 하나니 좌옥검위대장군(左玉鈐衛大將軍)을 추증하고 훈봉(勳封)은 옛날 그대로 함이 옳을 것이다.

그 아들 유격장군(游擊將軍) 행난주광무진장(行蘭州廣武鎭將) 상주국(上柱國) 준(俊)은 어려서부터 집안에서 뛰어났고 여러 차례 진실된 정성을 드러냈으며, 위급한 상황이 닥쳐도 도망가지 않고 몸을 던져 나라를 위해 목숨을 바치고자 하였으니, 마땅히 이를 포상하여 기록하여 크게 상을 주고자 한다. 우표도위익부좌랑장(右豹韜衛翊府左郎將)42)에 봉할 것이고 훈봉(勳封)은 옛날 그대로 하노라."고 하였다.

이에 성력(聖曆) 2년(699) 1월 22일에 천자가 칙명(勅命)을 내려 이르기를, "연국공(燕國公)의 아들 준이 아버지를 개장(改葬)하겠다고 요청하였으니, 물건 100가지를 내리고, 그 장례 일에 필요한 휘장, 일꾼 등 일체를 관청에서 공급하라. 그리고 6품에 해당하는 경관(京官) 1명으로 하여금 가서 살피도록 하라."고 하였다. 그리하여 그 해 2월 17일에 망산(邙山)의 남쪽, 관도(官道)의 북쪽에 받들어 이장하였으니, 이것은 예에 맞는 것이다.

생각건대, 부군은 외따로 우뚝 솟은 산봉우리처럼 홀로 뛰어나니 이는 재간이 밖으로 드러난 것이요, 거울을 걸어 놓은 것처럼 그림자와 똑같으니 이는 선인의 도리와 합치되는 경지에 이른 것이다. 말은 …하고 뜻은 넓었으니 지엽적인 일들로 근본을 가리는 일이 없었고, 계획을 세우면 일이 이루어졌으니 본말(本末)과 시종(始終)이 모두 아름다움을 갖추었다. 밤낮으로 나태하지 않아 마음은 항상 윗사람을 섬기는 데에 두었으며, 곤경에 처하여도 지조를 바꾸지 않으니 뜻은 항상 아랫사람을 위하는 데에 있었다. 군자가 관여할 바가 아니면 아예 생각조차 하지 않았고, 선왕이 물려준 바가 아니면 그 교훈은 아예 마음에 두지 않았다. 군문(軍門)에서 스스로 수레를 밀어 변방에서 절의(節義)를 이루었으니, 남을 헐뜯기 좋아하는 사람이라도 더 이상 나쁜 말을 하지 못하였고, 아무리 칭찬을 잘 하는 사람이라도 아름다운 말을 더 이상 보탤 수 없었다. 지혜있는 사람이 그를 보면 지혜롭다 하였고, 어진 사람이 그를 보면 어질다 하였다. 재물을 멀리하고 자기를 돌보지 않았으며, 의리를 중시하고 다른 사람을 우선으로 생각하였다. 비록 목에 칼이 들어와도 이해를 따지지 않았고, 몸이 위태롭게 될지라도 올바른 길을 버리지 않았다.

42) 右豹韜衛翊府左郎將은 右豹韜衛에 소속되었던 府兵의 하나인 翊府의 左郎將으로 정5품상에 해당한다.

이런 까닭으로 겁많은 사람도 그로 인해 용감하게 되었고, 탐욕스런 사람도 그로 인해 청렴하게 되었다. 마치 저울이 말은 없어도 잘못된 무게를 바로잡는 것과 같았고, 천리마의 빠름을 보면 둔마(鈍馬)가 갈 길이 멀었음을 알 수 있는 것과 같았다. 관리로서의 재능도 뛰어나 글을 쓰면 쌍벽을 이룰 정도의 사람들도 스스로 자책하였고, 사람됨을 판단하는 능력에 있어서도 잠자코 있더라도 천금이 그 값어치를 발휘하였다. 진실로 지금의 시대에만 본받을 바가 아니라, 아마도 빼어난 인물의 표준이라 할 것이다. 영예와 굴욕은 반드시 있게 마련이고 삶과 죽음은 타고난 운명인데, 어차피 돌아가는 데가 같다면 어찌 반드시 부인의 손에서 목숨을 마치겠는가?

내가 일찍이 군대에 있을 때 부군(府君)이 주재하는 회의에 참여할 수 있었는데, 그의 도리에 감복하여 그의 공훈을 칭송하고자 하여 이에 명문(銘文)을 짓는다.

오악(五嶽[43]))을 말하는 사람은 천태산(天台山)[44])이 병풍처럼 첩첩이 서 있는 모습을 알지 못하고, 사독(四瀆)[45])을 바라보는 사람은 운주(雲洲)[46])에 핀 붉은 꽃을 깨닫지 못하네. 삼가 듣건대 김일제(金日磾)[47])는 한나라의 칼집이 되었고, 백리해(百里奚)[48])는 진나라의 사다리가 되었다네. 참으로 명철(名哲)하다고 할 수 있으니, 여러 사람을 분발시킴이 비할 바가 없었고, 가는 곳마다 보배가 되었으니 어디에 간들 명석하다 아니할 것인가. 공은 동쪽으로부터 왔다네, 마치 봄바람 불어 오는 것같이. 예악(禮樂) 제도가 그로 인해 광채를 빛냈고, 성명(聲明)이 그를 기다려 뜻을 이루었도다. 아득한 군사들의 깃발이여, 엄숙하도다 수레들의 덮개여. 커다란 종을 치니 북이 울고 퉁소가 화답하는구나. 이는 누구의 영화인가, 나에게 덕이 있다 하는 소리도다. 사방에 걸쳐 오랑캐의 근심을 없앴고, 천 리에 걸쳐 공후(公侯)들의 성을 지켰도다. 공훈은 이미 펼쳐졌고, 충의(忠義)는 벌써 드러났도다. 그러나 만물은 곧고 굳건한 것을 꺼리는 법이니, 행실이 높아 도리어 해를 당하는 일도 있구나.

---

43) 五岳은 시대에 따라 조금식 다르지만 보통 동쪽의 타이산[泰山, 山東省], 서쪽의 화산[華山, 陝西省], 남쪽의 헝산[衡山, 湖南省], 북쪽의 헝산[恒山, 河北省], 중부의 쑹산[嵩山, 河南省]을 가리키며 나라에서 제사를 지냈다.

44) 天台山은 중국 저장성 동부 천태현 북방에 있는 산으로 불교의 성지이다.

45) 四瀆은 중국의 4대강을 가리키는 말로 양쯔강[揚子江]·지수이강[濟水]·황허강[黃河]·화이허강[淮水]을 말한다. 唐나라 때는 다화이[大淮]를 東瀆이라 불렀고 다장[大江]은 南瀆, 다허[大河]는 西瀆, 다지[大濟]는 北瀆이라 불렀다.

46) 雲州는 唐代 山西省 大同市에 있었던 州이다.

47) 金日磾는 前漢시대 匈奴 休屠王의 太子였다가 漢武帝 때에 무리를 이끌고 한나라에 항복했다. 처음에 말을 관리하는 역할을 맡았으나 나중에는 侍中의 지위에까지 올라 황제를 좌우에서 入侍하였다. 車騎將軍에 임명되었고 莽何羅의 모반을 진압한 공로로 秺侯(투후)에 봉해졌다. 무제가 죽자 霍光과 함께 遺詔를 받들어 昭帝를 보필했다.

48) 춘추시대 秦나라 穆公의 大夫로 목공을 도와 霸業을 이루었다. 虞에 있다가 우가 망할 것을 짐작하고 진에 갔으며, 楚나라 사람에게 붙들렸을 때 진목공이 羊皮 5장을 주고 그를 구해냈으므로 五羖大夫(오고대부)라고도 한다.

중봉(中峰)의 높이가 깎이어, 어두운 무덤 속으로 빛이 사라지게 되었구나. 천하가 그를 위해 애통해 하였고, 사해(四海)가 그의 어짊을 슬퍼하였도다. 천자가 이 커다란 이를 본받아, 모든 죽고 산 이들에게 본보기를 내리셨네. 내가 실로 감모(感慕)하여 그를 기리는 글을 짓노라. 그에게 바쳐진 말들이 영원할 것이며, 그의 명성은 끝이 없을 것이로다.

## [참고문헌]

〈단행본〉

韓國古代社會硏究所 編, 1992,『譯註 韓國古代金石文』Ⅰ, 駕洛國史蹟開發硏究院

國史編纂委員會, 1995,『韓國古代金石文資料集』Ⅰ, 國史編纂委員會

李道學, 1996,『백제장군 흑치상지 평전』, 주류성

權悳永, 2002,『韓國古代金石文綜合索引』, 학연문화사

李希泌, 1986,『曲石精廬藏唐墓誌』齊魯書社

北京圖書館金石組 編, 1990,『北京圖書館藏 中國歷代石刻拓本匯編』20冊

〈논문〉

李道學, 1991,「百濟 黑齒常之墓誌銘의 檢討」『우리文化』8월호

李文基, 1991,「百濟 黑齒常之 父子 墓誌銘의 檢討」『韓國學報』64, 일지사

李文基, 1991,「百濟 黑齒俊 墓誌銘의 判讀과 紹介」『한국고대사연구회 휘보』22

宋基豪, 1992,「黑齒常之 묘지명」『譯註 韓國古代金石文』Ⅰ, 韓國古代社會硏究所

# 9. 黑齒俊 墓誌

## 1) 解題

흑치준(黑齒俊, 676-706)은 흑치상지(黑齒常之)의 장남으로 중국 당나라에서 활동한 백제 유민 출신의 무장이다. 왕족 부여씨(扶餘氏)에서 분파된 흑치씨(黑齒氏) 가문 출신으로, 증조부는 현덕(顯德, 혹은 加亥), 조부는 사차(沙次, 혹은 沙子)이다. 흑치준이 태어나던 676년은 흑치상지가 이미 당에 들어가 활동하던 시기이므로 흑치준은 당에서 태어났음을 알 수 있다. 이때 아버지인 흑치상지의 나이는 47세였다.

무장의 가문에서 태어나 어려서부터 무략(武略)을 품었으며, 정기(旌旗)를 벌이거나 군진(軍陣)을 그리며 노는 등 무장으로서의 재능을 보였다. 696년 약관(弱冠)의 나이로 양왕(梁王) 이삼사(李三思)를 따라 이진충(李盡忠)의 난을 토벌하는 데 출전해 군공을 세웠다. 그 공로로 유격장군(游擊將軍) 행난주광무진장(行蘭州廣武鎭將) 상주국(上柱國)을 제수받았다. 698년 선고(先考) 흑치상지의 무고함이 밝혀져 신원(伸冤)이 이루어져 추증을 받게되자, 그도 지금까지의 공로가 인정되어 우표도위(右豹韜衛) 익부좌랑장(翊府左郎將) 상주국(上柱國)으로 승진하였다.

699년 당 고종에게 청해 아버지 흑치상지의 무덤을 낙양(洛陽)의 망산(邙山)으로 이장하였으며, 얼마 뒤에 우금오위(右金吾衛) 수익부중랑장(守翊府中郎將) 상주국(上柱國)으로 옮겼다. 이후 706년 5월 31세의 젊은 나이로 낙양 사제(私第)에서 병으로 졸하였고, 같은 해 8월에 아버지 흑치상지의 무덤 곁에 묻혔다.

그의 묘지는 1929년 낙양 망산에서 아버지 흑치상지의 묘지와 함께 출토되었다. 그것이 1980년대에 세상에 알려지면서 비로소 그의 일생이 밝혀지게 되었다. 흑치준에 대해서는 다른 문헌 기록은 없고, 단지 이 묘지명과 함께 흑치상지의 묘지명이 참고가 될 뿐이다.

묘지의 내용 중에서 가계(家系)에 대한 부분이 흑치상지 묘지명과 차이를 보이고 있는데, 이를 정리해 보면 다음 표와 같다.

|  | 黑齒常之의 할아버지 |  | 黑齒常之의 아버지 |  |
|---|---|---|---|---|
|  | 이름 | 관직 | 이름 | 관직 |
| 黑齒常之 墓誌銘 | 德顯 | 達率 | 沙次 | 達率 |
| 黑齒俊 墓誌銘 | 加亥 | 刺史 | 沙子 | 戶部尙書 |

흑치상지의 할아버지 이름이 다른 것은 아마도 덕현(德顯)이 중국식 이름이고 가해(加亥)는 백제식 이름을 그대로 쓴 데에서 기인하는 것으로 여겨지나, 자세한 것은 알 수 없다. 또한 아버지 이름 사차(沙次)와 사자(沙子)는 음이 비슷한 것으로 보아 표기상의 차이에 불과한 것으로 여겨진다. 다만 역임한 벼슬에 대해서는 흑치상지 묘지명에서는 모두 달솔을 역임하였으니 중국의 병부상서(兵部尙書)와 같다고 하였으나, 흑치준 묘지명에서는 자사(刺史)와 호부상서(戶部尙書)로 차이를 보이고 있다. 이는 앞으로 검토되어야 할 문제이다.

이 묘지는 가로 세로로 괘선을 그어 사각형 구획을 만들고 그 안에 한 글자씩 새겼는데, 1행마다 26자씩 26행으로서 모두 642자이다. 글씨체는 정서(正書)로 되어 있고 탁본의 크기는 길이 53cm, 너비 52cm이다. 묘지의 찬자(撰者)와 서자(書者)는 밝혀져 있지 않다. 묘지는 현재 남경박물원(南京博物院)에 보관되어 있다.

## 2) 原文

大唐故右金吾衛 守翊府中郎將 上柱國 黑齒府君墓誌銘幷序

公諱俊, 卽唐左領軍衛大將軍燕國公之子焉. 分邦海濱, 見美玄虛之賦, 稱酋澤國, 取重太沖之詞. 熾種落於遐荒, 積衣冠於中國. 立功立事, 懸名於晝月之旗, 爲孝爲忠, 紀德於繫年之史.

曾祖加亥, 任本鄕刺史, 祖沙子, 任本鄕戶部尙書. 並玉挺荊山, 珠光蔚浦. 耀錦衣於日域, 風化大行, 撫仙署於天涯, 星[1]臺時敍. 父常之, 爲皇朝左武衛大將軍上柱國燕國公, 贈左領軍衛大將軍. 材冠孤旺, 行光金氏. 功盖天地, 仲孺之任將軍, 賞茂山河, 邵奭之封燕國. 死而可作, 褒贈載榮.

公稟訓將門, 夙懷武略. 陶謙兒戲, 卽列旌旗, 李廣所居, 必圖軍陣. 由是, 負鷰頷之遠略, 挺猿臂之奇工. 弱冠以別奏, 從梁王蘖?[2]西道行. 以軍功, 授游擊將軍, 任右豹韜衛翊府左郎將, 俄

1) 송기호는 □.
2) 송기호는 檗.

遷右金吾衛翊府中郎將, 上柱國. 高踐連雲之閣, 俯從秋省之遊, 珥晉代之華貂, 盛漢年之車服. 方冀七葉貽慶, 以享西漢之榮, 豈啚二豎□□. 俄從北升之名, 以神龍二年五月卄三日, 遘疾終洛陽縣從善之□. 春秋卅一. 烏呼, 城府颯焉, 邦國殄瘁. 惟公志氣雄烈, 宇量高深. 雖太上立功, 劬勞苦戰, 而數奇難偶, 竟不封侯. 奄及殲良, 朝野痛惜. 卽以神龍二年歲次景午八月壬寅朔十三日, 葬於北邙山原, 禮也. 途移楚挽, 路引周簫, 窀穸將開, 黃腸遽掩. 封崇旣畢, 翠栢方深, 紀餘恨於□玉, 庶碑字之生金. 銘曰,

於維后唐, 求賢以理, 頹當見用, 秺侯入仕. 西戎孤□, 東夷之子, 求如不及, 片善斯紀. 其一.
紀善奚謂, 加之冠纓, 忠以立勳, 孝以楊名. 允矣皇考, 卑勵淸貞, 孝哉今嗣, 無墜厥聲. 其二.
厥聲伊何, 將門武德, 受命分閫, 立功異域. 克定禍亂, 掃除氛慝, 哥鍾賞賢, 車服表德. 其三.
車服伊何, 金吾最盛, 美矣夫子, 膺玆寵命. 高閣連雲, 華貂疊映, 享此積善, 冀傳餘慶. 其四.
餘慶不延, 俄終小年, 梁木斯壞, 彼蒼者天. 挽悲蒿里, 簫咽松阡, 一埋白日, 永閟黃泉. 其五.

### 3) 飜譯文

대당(大唐)의 고(故) 우금오위(右金吾衛) 수익부중랑장(守翊府中郎將)[3] 상주국(上柱國)[4] 흑치부군(黑齒府君)의 묘지명(墓誌銘) 및 서문(序文).

공(公)의 이름은 준(俊)이니, 당나라 좌령군위대장군(左領軍衛大將軍) 연국공(燕國公)[5]의 아들이다. 바닷가의 땅을 나누어 나라를 이루니 현허(玄虛)의 부(賦)[6]에서 그 아름다움을 볼 수 있고, 기름진 나라에서 우두머리를 칭하니 태충(太沖)의 글[7]에서 중요한 것을 취할 수 있다. 먼 오랑캐의 땅에서 종족을 크게 일으켰고, 중국에 들어와서 누차 벼슬을 하였다. 공을 세우고 일을 이루니[立功立事][8] 달을 그린 깃발에 그의 이름이 걸렸고, 효성스럽고

---

3) 右金吾衛守翊府中郎將은 右金吾衛에 소속되었던 府兵의 하나인 翊府의 中郎將으로 정4품하에 해당하였다.
4) 上柱國은 당나라 최고의 勳官이다.
5) 唐左領軍衛大將軍 燕國公은 黑齒常之를 이른다.
6) 玄虛는 木華의 字이다. 그는 西晋 廣川人으로, 일찍이 楊駿府의 主簿가 되었다. 그의 문장은 아주 미려한데,『文選』권12에「海賦」1편이 실려 있다.
7) 太沖은 左思의 字이다. 그는 晋나라 臨淄人으로, 용모나 언변이 뛰어나지 못하였으나 문장은 아주 훌륭하였다고 한다. 처음에「齊都賦」를 1년 만에 지었다가 다시「三都賦」를 10년 만에 지었는데, 사람들이 서로 베끼려고 하여 낙양에서 종이가 귀하게 되었다고 한다.
8) '立功立事'는『漢書』에 나오는 말로 "정치를 잘하여 공이 이루어지고 일이 성립되면 하늘이 복을 주어 천명을 영원토록 한다"는 뜻이다.『漢書』권23 刑法志에 "書曰, '立功立事, 可以永年.' 言爲政而

충성스러우니 역사책에 그의 덕이 기록되었다.

증조부는 이름이 가해(加亥)로서 본국에서 자사(刺史)를 역임하였고, 할아버지는 사자(沙子)로서 본국에서 호부상서(戶部尙書)를 역임하였다. 이들은 모두 옥(玉)[9]이 형산(荊山)에서 빼어난 것 같았고, 진주가 울포(蔚浦)에서 빛을 발하는 것 같았다. 해뜨는 지역에서 비단옷에 빛을 발하니 교화가 크게 이루어졌고, 하늘 끝에서 선서(仙署)[10]를 관리하니 성대(星臺)[11]가 때맞추어 펼쳐졌다. 아버지 상지(常之)는 당나라의 좌무위대장군(左武衛大將軍) 상주국(柱國) 연국공(燕國公)이 되었고, 좌령군위대장군(左領軍衛大將軍)에 추증되었다. 그의 재주는 홀로 뛰어나 으뜸이었고, 그의 행적은 김일제(金日磾)보다도 빛이 났다. 공(功)은 천지를 덮었으니 중유(仲孺)[12]가 장군을 맡음과 같고, 상(賞)은 산하(山河)에 무성하였으니 소석(邵奭)[13]과 같이 연국(燕國)에 봉해졌었다. 죽어서도 그러할 수 있었으니 포상하고 추증함에 영예가 가득하였다.

공은 장군(將軍)의 가문에서 가르침을 받아 일찍부터 무략(武略)을 품었다. 도겸(陶謙)[14]처럼 어려서 놀 때에는 깃발을 펼치면서 놀았고, 이광(李廣)[15]이 평상시에 거처할 때처럼 반드시 군진(軍陣)을 그리곤 하였다. 이런 까닭으로 먼 이역(異域)에서 공을 세우려는 원대한 계획[鷰頷][16]을 품었으며, 군대의 진퇴(進退), 공수(攻守)를 자유자재로 하는 재주[17][猿臂]가 뛰어났다. 스무 살의 나이에 별주(別奏)로서 양왕(梁王)[18]을 따라 서도(西道)로 갔다. 이에 군공(軍功)을 세워 유격장군(游擊將軍)에 제수되었고, 우표도위익부좌랑장(右豹韜衛翊府左郞將)에 임명되었으며, 곧이어 우금오위익부중랑장(右金吾衛翊府中郞將) 상주국(上柱國)

---

宜於民者, 功成事立, 則受天祿而永年命, 所謂 '一人有慶, 萬民賴之'者也."라 하였다.

9) 荊山은 卞和가 玉을 얻은 곳으로 이 옥을 '和氏之璧'이라 한다. '형산의 옥'은 '천하의 귀중한 보배' 또는 '뛰어난 인재'를 말한다.
10) 선관들이 근무하는 官署로, 이상적인 낙원을 이른다.
11) 星臺는 원래 하늘의 三台星을 가리키는 말이지만, 흔히 조정의 중요한 기구를 가리킨다.
12) 仲孺는 漢나라 사람 灌夫(?-BC.131)의 字이다. 그는 吳, 楚의 7國이 반란을 일으켰을 때 아버지와 함께 종군하였는데, 아버지가 전사하자 군법에 따라 喪歸하지 않고 吳나라 군대를 무찔러 원수를 갚았다.
13) 邵奭은 召公, 邵公, 召康公이라고도 하는데 이름은 奭이고 시호는 康이다. 일찍이 武王을 도와 商을 멸망시켰다. 그의 아들이 燕國에 봉해졌었기 때문에 그를 연국의 시조라 한다.
14) 陶謙(132-194)은 후한 말기의 丹陽 사람으로 字는 恭祖이다. 『吳書』에 의하면, 14살 때에 비단을 꿰매서 幡을 만들고 竹馬를 타고 놀았는데 동네 아이들이 모두 그를 따랐다고 한다.
15) 李廣(?-BC.119)은 전한 시대의 名將이다. 文帝 때에 흉노를 쳐서 공을 세웠고, 景帝, 武帝 때에도 흉노가 그를 무서워하여 감히 침범하지 못하고 그를 가리켜 '飛將軍'이라 불렀다. 어눌하여 말수가 적었으며, 다른 사람과 함께 있으면 땅에 그림을 그려 軍陣을 만들고 활쏘기 시합을 하면서 즐겼다고 한다.
16) 鷰頷은 제비모양의 턱이란 뜻으로 燕頷虎頸 또는 燕頷虎頭라고도 쓰는데 후한 班超의 고사이다. 반초가 제비 턱이었는데 학업을 버리고 무예를 배워서 西域을 정복하고 제후에 봉해졌다. 그렇기 때문에 먼 나라에 가서 공을 세워 封侯가 되는 相을 가리킨다.
17) 猿臂는 猿臂之勢의 줄인 말로, 군대의 진퇴, 공수를 자유자재로 하는 능력을 말한다.
18) 이 시기에 梁王에 봉해졌던 인물은 측천무후의 조카였던 武三思(?-707)였다.

으로 승진하였다. 높이 구름에 잇닿아 있는 누각을 밟았고, 가을이면 왕의 사냥[秋省][19]에 따라 나섰다. 진(晉)나라 때의 아름다운 담비 꼬리를 꽂았고[20], 한(漢)나라 때의 수레와 의복[21]을 성대히 갖추었다. 바야흐로 7대에 걸쳐 경사스러움을 전하여 서한(西漢)의 김일제(金日磾)와 같은 영광을 누리고자 하였으나[22], 어찌 병마(病魔)[二豎][23]를 천하게 …… 얼마 뒤 북망산에 이름을 올리게 되었으니, 신룡(神龍) 2년(706) 5월 23일에 병환으로 낙양현(洛陽縣) 종선방(從善坊)에서 돌아가시니, 나이가 31세였다.

아아 슬프도다, 장안에는 스산한 바람이 불고, 온 나라가 병들어 초췌하였다. 생각건대 공은 뜻과 기개가 굳세고 맹렬하였으며, 도량이 높고도 깊었다. 비록 더할 나위 없는 커다란 공을 세웠고 전쟁터에서 고생하였는데, 몹시 불운한 팔자를 만나 마침내 제후에 봉해지지 못하였다. 갑자기 어진 이가 죽으니 조야(朝野)가 모두 슬퍼하고 아깝게 여겼다. 신룡(神龍) 2년 경오(景午=丙午)[24]년 8월, 초하루 임인(壬寅)일, 13일에 북망산(北邙山) 언덕에 장례를 치렀으니, 이것은 예의에 맞는 것이다. 초(楚)나라의 슬픈 상여꾼 노래가 길을 인도하고, 주(周)나라의 퉁소 소리 길에 가득한데, 무덤 속 광중(壙中)을 열어 황장목(黃腸木)[25]의 관을 안치하였다. 봉분을 높이 쌓아 올리니 무덤가의 잣나무는 바야흐로 푸르름을 더하느고나. 이제 □옥(玉)에 여한(餘恨)을 기록하니, 비석의 글자가 마치 황금과 같기를 바라노라. 명문(銘文)을 지어 이른다.

옛날 후당(后唐=堯)[26] 임금이 현명한 사람을 구하여 나라를 다스리니, 퇴당(頹當)[27]이 등용되고 투후(秺侯)[28]가 벼슬을 얻었구나. 서융(西戎)의 외로운 …… 동이(東夷)의 자손으로, 구하기를 마치 미치지 못하는 듯이 하였으니, 여기에 조그마하게 착한 일을 기록해두노라. 이것이 첫째이다.

---

19) 秋省은 곧 秋獮으로, 천자는 가을에 사냥하여 신에게 제사지냈다.
20) 漢나라 때에 侍中, 常侍의 冠에는 담비 꼬리를 꽂고, 금으로 만든 관장식을 달고, 매미를 붙여 장식을 하였다. 높은 지위에 있는 사람들을 가리킨다.
21) 수레와 의복은 천자가 공신에게 내려주는 물품들이다.
22) 西漢(前漢)의 金日磾가 武帝 때에 侍中, 駙馬都尉, 光祿大夫를 역임하였는데, 그 후손들도 모두 內侍의 近臣이 되어 7대에 이르렀다. 이로 인하여 후대에는 여러 대에 걸쳐 顯貴해진 것을 찬양하는 말로 사용되었다.
23) 二豎는 질병, 병마를 가리킨다. 춘추시대 晉나라 景公이 꿈 속에서 질병이 두 아이로 변하여 심장과 명치 사이에 숨은 것을 보았다는 고사에서 유래하였다. 전하여 침이나 약으로 고치지 못할 병을 가리킨다.
24) 景午는 丙午年을 가리킨다. 丙과 午는 모두 五行의 火에 해당하므로 丙午에 火氣가 가장 강하다. 이를 피하기 위하여 여기에서는 景午로 바꾸어 쓴 것이다.
25) 黃腸은 잣나무의 黃心으로 만든 外棺을 이른다.
26) 后唐은 堯 임금을 가리킨다.
27) 頹當은 漢 7國이 반란을 일으켰을 때에 장군이 되었던 사람이다.
28) 秺侯는 金日磾를 이른다. 莽何羅를 토벌한 공으로 漢 武帝가 내린 작호이다

착한 일을 기록해둔다는 것은 무엇을 이름인가? 갓을 쓰고 갓끈을 매는 나이에, 충(忠)으로 업적을 이루었고, 효(孝)로 이름을 떨쳤도다[29]. 믿음직한 선고(先考)께서는 맑고 곧은 심성을 가지도록 애썼도다. 효성스러운 아들은 아버지의 명성을 떨어뜨리지 않았구나. 이것이 둘째이다.

그 명성이란 무엇인가? 장군 가문에서 무장의 덕을 이어받아, 성 밖에서[分閫][30] 장군의 명을 받들어 이역(異域)에서 공을 세움이로다. 재앙과 난리를 능히 평정하였고, 사특(邪慝)한 무리들을 깨끗이 쓸어버렸으니, 가종(哥鍾)[31] 소리는 그의 현명함을 기리고, 하사(下賜)한 수레와 의복은 그의 덕을 드러내는 것이다. 이것이 셋째이다.

수레와 의복이란 무엇인가? 금오위(金吾衛)에서 가장 많이 받았으니, 아름답도다 그대여, 천자의 총애를 가슴에 품었구나. 높은 누각은 구름에 잇대었고, 관에 꽂은 화려한 담비 꼬리는 거듭 빛났으니, 착한 일을 많이 하여 그 즐거움을 여기에서 누리고, 자손에게까지도 경사스러움이 이어지기를 바랐노라. 이것이 넷째이다.

경사스러움이 이어지지 못하고 갑자기 젊은 나이에 세상을 떴으니, 여기 대들보가 무너졌는데도 저기 하늘은 푸르기만 하구나. 쑥이 더부룩한 무덤[蒿里][32]에는 상여꾼의 노래 소리 구슬프고, 소나무 심은 무덤길에는 퉁소 소리 목메는데, 한 번 밝은 날에 묻히면 영원히 황천(黃泉)에 자리잡을 것이로다. 이것이 다섯째이다.

## [참고문헌]

〈단행본〉

國史編纂委員會, 1995,『韓國古代金石文資料集』I, 國史編纂委員會

權悳永, 2002,『韓國古代金石文綜合索引』, 학연문화사

中央研究院 歷史語言研究所, 1984,『唐代墓誌彙編附考』, 臺北

李希泌, 1986,『曲石精廬藏唐墓誌』, 齊魯書社

北京圖書館金石組 編, 1990,『北京圖書館藏 中國歷代石刻拓本匯編』20冊

---

29) 楊名은 揚名의 잘못인 듯하다.

30) 分閫(분곤)은 성 밖이라는 뜻으로 '閫外之任' 즉 군대를 이끌고 출정하는 장군의 직책을 가리킨다. 古代에 성 안은 천자가 다스리고, 성 밖은 장군이 통제하였다는 데에서 유래하였다.『史記』권102 馮唐傳에 "曰, 閫以內者, 寡人制之, 閫以外者, 將軍制之."란 말이 나온다.

31) 哥鍾은 악기의 하나인 歌鍾 즉 編鍾을 가리킨다. 노래의 곡조를 조절하는 데에 사용되었다.

32) 蒿里는 泰山 남쪽의 산 이름이다. 사람이 죽으면 그 혼백이 와서 머문다는 곳으로 무덤을 가리키기도 한다.

〈논문〉

李文基, 1991, 「百濟 黑齒常之 父子 墓誌銘의 檢討」『韓國學報』64, 일지사

李文基, 1991, 「百濟 黑齒俊 墓誌銘의 判讀과 紹介」『한국고대사연구회 휘보』22

宋基豪, 1992, 「黑齒俊 墓誌銘」『譯註 韓國古代金石文』Ⅰ, 韓國古代社會硏究所

# 10. 珣將軍功德碑

## 1) 解題

<중국 산서성 태원시 천룡사 석굴>

순장군공덕비는 중국 산서성(山西省) 태원시(太原市)에서 남서쪽으로 40km 떨어진 곳에 위치한 천룡산(天龍山) 천룡사(天龍寺)에 있다. 공덕비는 당나라 중종(中宗) 경용(景龍) 원년(707) 10월 18일에 세웠다.

비문에 의하면 순(珣)장군은 본래 해동(海東)의 한 가문 출신으로 조상의 공덕으로 대대로 벼슬을 하다가 나라가 망하기 전에 조국을 떠났다고 하였다. 구체적으로 순장군의 조국에 대한 언급은 없지만, 그가 백제유민인 흑치상지(黑齒常之)의 둘째딸과 결혼하였다는 사실로 보아 백제인이었을 가능성이 높다고 여겨진다. 따라서 순장군공덕비는 흑치상지(黑齒常之)를 비롯한 백제의 유민들이 당나라에 들어가 어떻게 살았는지를 알려주는 흥미로운 자료가 된다.

해발 약 1500m에 해당하는 천룡산에는 모두 25개의 석굴(石窟)이 있다. 이 중에서 상당수가 당나라 때에 만들어진 것으로 당시의 불교 조각품들이 많이 소장되어 있다. 그런데 이 공덕비는 707년 경 불상 헌납을 둘러싼 역사적 사실이 기록되어 있기 때문에, 당나라 때 불교 조각들의 편년(編年) 연구뿐만 아니라 도상(圖像) 및 불상 제작의 후원자에 대한 연구에 중요한 실마리를 제공해준다.

비문에 의하면 천룡사는 북제(北齊) 때에 세워져 수나라 말기에 쇠락하였다고 하였는데, 순장군이 이곳에 이르러 불상 조각의 후원자가 되었던 것은 이 절이 중흥기를 맞이하는 계기가 되었던 셈이다. 또 이 비문에는 아내를 일컬어 '내자(內子)'라고 표기하였고, 말미에는 순(珣)장군의 아들과 사위가 기록되어 있다. 이런 것들은 중국의 다른 비문들에서는 찾아보기 힘든 이례적인 것으로, 당시 백제의 유민들이 중국에 들어가서도 고국의 생활방식을 지킨 흔적이 아닌가 생각된다.

탁본의 크기는 높이 96cm, 너비 64cm이다. 곽겸광(郭謙光)이 글을 짓고 글씨를 썼는데, 제액(題額)은 전서체(篆書體)이고 나머지는 예서체(隸書體)로 되어 있다.

## 2) 原文

大唐□[1]部將軍功德記. 郭謙光文及書

咨故天龍寺者, 兆基有齊, 替虖隋季. 蓋敎理歸寂, 載宅玆山之奧. 龕室千萬, 彌亘崖岊. 因广增修, 世濟其美. 夫其峯巒岌石業, 丹翠含椴, 灌木蕭森, 濫泉觱沸, 或叫而合, 壑諠譁者, 則參虛之秀麗也. 雖緇徒久曠, 禪廡荒闃, 而邁種德者, 陟降遐險, 固無虛月焉.

大唐天兵中軍副使 右金吾衛將軍 上柱國 遵化郡 開國公□部珣, 本枝東海, 世食舊德, 相虞不臘, 之奇族行. 太上懷邦, 由余載格. 歷官內外, 以貞勤驟徙. 天兵重鎭, 實佐中軍. 于神龍二年三月, 與內子樂浪郡夫人黑齒氏, 卽大將軍燕公之中女也, 躋京陵, 越巨壑, 出入坎窞, 牽攣莖蔓, 再休再呬, 迺詹夫淨域焉. 於是, 接足禮巳, 卻住一面, 瞻覜□歷, 歎未曾有. 相與俱時, 發純羡, 誓博施, 財具富, 以□上. 奉爲先尊, 及見存姻族, 敬造三世佛像, 幷諸賢聖. 刻彫□相, 百[福]莊嚴, 冀籍勝因, 圓資居往. 暨三年八月, 功斯畢焉, 夫作而不記, 非盛德也. 遵化公, 資孝爲忠, □義而勇. 顒領以國, 蹇連匪躬. 德立□行, 事時禮順. 塞旣淸只, 人亦寧只, 大蒐之隙, 且閱三乘. 然則居業定功, 於斯爲盛光昭, 將軍之令德, 可不務虖. 故刻此樂石, 以旌厥問. 其辭曰,

□鑠明德, 知終至, 而忠信孝敬, 元亨利. 而摠戎衛服, 要荒謐, 而乘緣詣覺, 歸□□.

大唐景龍元年, 歲在鶉首, 十月乙丑朔, 十八日(壬)午建.

□□□□部選宣德郎昕.　次子吏部選上柱國暕.　次子上□□□.　次子□□□□□□兵部選仲容.　公□[2]天□□軍摠管彌義.

1) 朴現圭는 '勿'.
2) 송기호는 '聲'.

## 3) 飜譯文

대당(大唐)의 □부장군(□部將軍) 공덕기(功德記).
곽겸광(郭謙光)[3]이 글을 짓고 쓰다.

아아, 옛날 천룡사(天龍寺)[4]란 절은 북제(北齊) 때에 비로소 터를 잡았으니 수(隋)나라 말기에 이르러 쇠락하였다. 대개 불교의 가르침은 고요한 곳으로 돌아가는 것이므로, 이 산의 깊은 곳에 가득히 자리를 잡게 되었던 것이다. 수도 없이 많은 감실(龕室)이 절벽을 따라 가득히 널려 있는데, 건물이 증수(增修)됨에 따라 대대로 그 아름다움을 전할 수 있게 되었다. 그 산봉우리는 우뚝이 솟은 돌로 이루어져 있는데, 붉고 푸른 돌들은 아침 노을을 머금었고, 떨기나무들이 우거진 곳에 샘물이 솟아나 소리쳐 흐르다가 합쳐져 골짜기를 시끄럽히니, 참허(參虛)[5] 지역의 수려(秀麗)한 경관이라 할 것이다. 비록 오랫동안 승려들이 살지 않아 절이 황폐해지고 적막하게 되었지만, 덕을 심는 데에 힘쓰는 사람들이 멀고 험한 길을 오갔으니 허송세월만 한 것은 아니었다.

대당(大唐)의 천병중군부사(天兵中軍副使)[6] 좌금오위장군(右金吾衛將軍)[7] 상주국(上柱國)[8] 준화군(遵化郡)[9] 개국공(開國公)[10] □부(□部) 순(珣)은 본래 동방의 한 가문으로 선조의 공덕으로 대대로 벼슬을 하였지만, 우(虞)나라가 망하여 제사를 지내지 못할 것을 미리 알고 가족을 끌고 떠나버린 궁지기(宮之奇)[11]처럼 천자의 나라로 들어오니 유여(由余)[12]를 본받았다 할 것이다. 내외의 관직을 두루 역임하면서 곧고 근면하였기 때문에 자리를 옮겨 천병군(天兵軍)이 있는 요충지에서 중군(中軍)을 보좌하게 되었다.

신룡(神龍) 2년(706) 3월에 부인인 낙랑군부인(樂浪郡夫人) 흑치씨(黑齒氏) 즉 대장군(大

3) 郭謙光은 開元 6년(718)에 國子博士를 역임하였던 인물이다.
4) 天龍寺는 중국 山西省 太原市의 남서쪽 天龍山에 있던 절인데, 北齊 皇建 원년(560)에 세워졌다.
5) 參虛는 參墟라고도 쓰는데, 28宿 중의 하나인 參星의 分野로 晋의 영역이니 지금의 山西省, 河南省 일대를 가리킨다.
6) 天□□軍은 太原府의 성 안에 두었던 군대인데 開元 11년(723)에 폐지되었다.
7) 右金吾衛는 당나라 16衛의 하나이다. 將軍은 大將軍 다음의 부지휘관으로 종3품에 해당한다.
8) 上柱國은 당나라 최고의 勳官이다.
9) 遵化郡은 현재의 廣東省 靈山縣의 서남쪽이다. 당시에는 嶺南道 欽州에 소속되어 있었다.
10) 開國公은 당나라의 封爵으로 정2품에 해당한다.
11) 宮之奇는 춘추시대 虞나라의 大夫이다. 晉나라가 다른 나라를 치기 위해 우나라에 길을 빌려달라고 했을 때에 허락하지 말도록 간청하였으나, 임금이 이를 듣지 않자 가족을 이끌고 西山으로 도망하였다고 한다. 결국 3년 뒤에 진나라가 우나라를 멸망시켰다.
12) 由余는 춘추시대 戎族 사람으로 秦나라에 사신으로 가서 穆公에게 당시 중원이 어지러웠던 반면에 융적은 잘 다스려졌던 원인에 대해서 강론하였다. 나중에 진나라로 들어가 목공에게 중용되어 西戎을 정벌하는 데에 크게 공헌하였다.

將軍) 연국공(燕國公) 흑치상지(黑齒常之)의 둘째 딸과 함께, 높은 언덕을 오르고 커다란 골짜기를 건너, 구덩이에 빠졌다 나오기도 하고 나무 줄기와 덩굴에 매달리면서, 거듭 쉬고 숨을 돌려가며 마침내 이 청정한 곳에 이르게 되었다. 이때에 접족례(接足禮)[13]를 마치고 한쪽으로 물러 나와 두루 사방을 올려다 보며 미증유(未曾有)의 경치에 감탄하였다. 두 사람이 동시에 착한 마음이 우러나와 널리 은혜를 베풀어 재부(財富)를 바칠 것을 맹서하였다.

돌아가신 선조님들과 살아있는 인척(姻戚)들을 위하여 삼가 삼세(三世)의 불상[14]과 여러 성현(聖賢)들의 상을 만들고, … 백복장엄(百福莊嚴)[15]을 조각하여 아주 좋은 인연을 쌓음으로써 왕생(往生)하는 데에 두루 바탕이 되고자 하였다. 신룡 3년(707) 8월에 이르러 모든 일이 끝나게 되었는데, 공덕을 이루고 이를 기록하지 않는다면 그것은 성덕(盛德)이 아닐 것이다.

준화공(遵化公)은 자질이 효성스럽고 충성에 힘썼으며 의롭고 용감하였다. 나라 일로 말미암아 형색이 초췌(憔悴)하고 몸이 상했으나 자신을 돌보는 데에는 힘쓰지 않았다. 덕(德)을 세워 … 행하고, 일은 때에 맞추어 예의와 공손함으로 행하였다. 변방을 이미 조용하게 만들어 사람들 역시 평안하게 되니, 봄에 크게 수렵을 행할 즈음에 또한 삼승(三乘)[16]도 살폈다. 그런즉 본업에 종사하며 공을 세운 것이 이에 무성하고 또 빛났으니, 장군의 아름다운 덕을 어찌 말로만 할 수 있겠는가? 그러므로 이 좋은 돌에 새겨 그 명성을 드러내고자 하노라. 그 말은 다음과 같다.

…도 녹일 것 같은 밝은 덕이 마침내 다다를 곳을 알았고, 충성스럽고 신의있으며 효성스럽고 공경스러우니 네 가지 덕을 갖추었도다. 위복(衛服)[17]에서 군대를 총괄하니 변방이 고요하였고, 인연을 따라 깨달음에 나아가고자 …에 귀의하였도다.

대당(大唐) 경룡(景龍) 원년(元年, 707) 정미(丁未)[18]년 10월, 초하루 을축(乙丑)일, 18일

13) 接足禮는 고대 인도의 예법으로 두 손을 펴서 손바닥으로 상대방의 다리를 잡고 여기에 자신의 머리를 숙여 갖다 붙이는 예배 방법이다.
14) 三世佛像은 迦葉佛(과거불), 석가모니불(현세불), 미륵불(미래불)을 가리킨다. Marylin M. Rhie는 天龍山 제21石窟에 보존되어 있는 3세불이 바로 이들이 시주하여 만든 불상이라고 보았다.
15) 百福莊嚴, 즉 百福莊嚴相은 부처의 32상 하나 하나에 백가지 福德이 갖추어져 있음을 이른다.
16) 三乘은 중생을 깨달음으로 인도하는 부처의 가르침이나 수행법을 뜻한다. 보통 聲聞乘, 緣覺乘, 菩薩乘의 세 가지를 말하는데, 여기에서는 불법에 귀의하였다는 뜻으로 이해된다.
17) 衛服은 九服의 하나이다. 중국 周나라 때에 王畿를 사방 천리로 하고, 그 주위를 상하좌우 각각 오백리마다 一畿로 구획하여, 侯服·甸服·男服·采服·衛服·蠻服·夷服·鎭服·蕃服으로 나누었다. 여기서 服은 천자에게 복종한다는 뜻이다.
18) 원문에는 '歲在鶉首'라 하였는데 鶉首는 古甲子의 未에 해당된다.

임오(壬午)에 세운다.

…… 부선(部選) 선덕랑(宣德郎)[19] 흔(昕)[20]. 둘째 아들 이부선(吏部選)[21] 상주국(上柱國) 간(暕). 셋째 아들 상(上) …… 넷째 아들 …… 병부선(兵部選)[22] 중용(仲容). 공의 … 천□□군(天□□軍)[23] 총관(摠管) 미의(彌義).

## [참고문헌]

〈단행본〉

國史編纂委員會, 1995, 『韓國古代金石文資料集』Ⅰ, 國史編纂委員會

權悳永, 2002, 『韓國古代金石文綜合索引』, 학연문화사

王昶, 1805, 『金石萃編』 권68

北京圖書館金石組 편, 1990, 『北京圖書館藏中國歷代石刻拓本匯編』제20책, 中州古籍出版社

〈논문〉

Marylin M. Rhie저·文明大역, 1980, 「天龍山 第21石窟과 唐代碑銘의 硏究」『佛教美術』5

宋基豪, 1992, 「珣將軍功德記」『譯註 韓國古代金石文』Ⅰ, 韓國古代社會硏究所

朴現圭, 2009, 「天龍山石窟 제15굴과 勿部珣將軍功德記」『서강인문논총』25, 서강대학교 인문과학연구소

李裕群, 1992, 「天龍山石窟分期硏究」『考古學報』1992-1, 中國社會科學院考古研究所

19) 宣德郎은 정7품하의 文散階이다.
20) 기재 순서로 보아 長男일 것임이 분명하다.
21) 吏部選은 吏部의 選官을 담당하던 관직이다.
22) 兵部選은 兵部의 選官을 담당하던 관직이다.
23) 天□□軍은 '天兵中軍'으로 추측된다.

# 11. 祢寔進 墓誌

## 1) 解題

예식진(禰寔進, 615-672)은 백제 사람으로 백제가 멸망한 뒤 당으로 건너가 좌위위대장군(左威衛大將軍)의 벼슬을 받은 인물이다. 그러나 그의 묘지(墓誌)가 발견되기 이전까지는 그에 대해서는 알려진 바가 전혀 없었다. 2006년 낙양(洛陽)의 골동품 시장에 그의 묘지가 나타났고, 2007년 3월 길림성의 장춘에서 발간하는 격월간 역사잡지인 『동북사지(東北史地)』에 기존의 다른 백제 유민들의 묘지명과 함께 처음으로 소개되면서 그의 존재가 세상에 알려지게 되었다.

예식진의 묘지석은 여타 다른 대부분의 묘지석과 같은 청석질(靑石質)이며 지석(誌石)과 뚜껑돌인 개(蓋)를 모두 갖추고 있다. 개(蓋)는 정방형으로 가로 57㎝, 세로 57㎝, 두께 15㎝인데, 4행으로 구획을 한 후 각행마다 4글자씩 전서(篆書)로 "대당고좌위위대장군예식진묘지지명(大唐故左威衛大將軍禰寔進墓誌之銘)"이라고 16글자를 새겼고, 사방에 당초문을 음각하였다. 지석은 방형으로 가로 58.5㎝, 세로 58.5㎝, 두께 13㎝인데 계선(界線)을 그어 구획하고 모두 18행에 1행당 18글자씩 모두 288자를 해서체(楷書體)로 새겼다. 지석의 모서리에는 12지신상을 음각하였다.

묘지에는 백제 유민인 예식진이 당의 조정에서 좌위위대장군의 벼슬을 지냈고, 당에 들어간지 12년 만인 함형 3년(672년) 5월 25일에 내주(來州, 山東省 동북부) 황현(黃縣, 山東省 烟台市 龍口)에서 58세로 사망하여 당 조정의 배려로 같은 해 11월 21일에 서안으로 유해가 운구된 뒤, 고관대작들이 묻히던 고양원(高陽原)에 묻혔다는 내용이 담겨 있다.

이 묘지가 국내에 소개된 이후 많은 이들의 관심을 불러와 여러 차례 매스컴을 통해 소개되기도 하였는데, 이는 본 묘지의 내용 중에 백제의 멸망과 관련된 구체적인 상황을 파악할 수 있는 단서가 있기 때문이다. 즉 『구당서(舊唐書)』 권83 소정방(蘇定方) 열전에 "그 대장 예식(祢植)이 의자왕을 거느리고 와서 항복하였다.(其大將祢植, 又將義慈來降)"라 하였고, 『신당서(新唐書)』 권111 소정방(蘇定方) 열전에도 "그 장군 예식이 의자왕과 함께 항복하였다(其將祢植與義慈降)"고 하여 예식(祢植)의 이름이 보이고 있는데, 이 인물이 바로 예식진임에 틀림이 없다.

그리고 묘지명의 내용 중에 '占風異域 就日長安'이라고 한 구절을 토대로 당시 예식진이 의자왕을 사로잡아 중국에 항복하였을 것이라는 추측이 가능하기 때문이다. 의자왕은 나·당 연합군의 공격을 받아 포위된 사비성을 탈출해 웅진성으로 가서 반격을 준비하고 있었지만, 웅진을 지키고 있던 예식(예식진)이 의자왕을 배신하고 왕을 사로잡아 당군에 투항하였고 이 공로로 예식진은 백제 유민 가운데서도 특히나 파격적인 승진을 할 수 있었다는 것이다. 이러한 추측은 그의 아들과 손자 묘지명의 발견으로 더욱 확실하게 뒷받침되고 있는데, 이와 더불어 의자왕에 대한 역사적인 재조명의 필요성도 재기되는 등 여러 가지로 흥미있는 역사적인 자료가 되고 있다.

## 2) 原文

大唐 故左威衛大將軍 來遠縣 開國子 柱國 祢公墓誌銘 幷序

公諱寔進, 百濟熊川人也. 祖佐平譽多, 父佐平思善, 幷蕃官正一品. 雄毅爲姿, 忠厚成性, 馳聲滄海, 效節靑丘. 公器宇深沉, 幹略宏遠, 虛弦落雁, 挺劍飛猨. 夙稟貞規, 早表義節. 占風異域, 就日長安, 式奉文棍, 爰陪武帳. 腰鞬玤鶡, 紆紫懷黃, 駈十影於香街, 翊九旗於綺禁. 豈与夫日磾之輩·由余之儔, 議其誠績, 較其優劣者矣. 方承休寵, 荷日用於百年, 遽促浮生, 奄塵飄於一瞬. 以咸亨三年五月卄五日, 因行薨於來州黃縣, 春秋五十有八. 恩加詔葬禮洽飾終, 以其年十一月卄一日, 葬於高陽原, 爰命典司, 爲其銘曰

溟海之東, 遠截皇風, 飡和飮化, 抱義志承.
榮榮[1]簪紱, 接采鵷鴻, 星搖寶劍, 月滿雕弓.
恩光屢洽, 寵服方隆, 逝川遽遠, 悲谷俄窮.
烟含古樹, 霜落寒叢, 唯天地兮長久, 与蘭菊兮無終.

---

1) 묘지에는 '榮'이 한 글자 뿐이지만, 그 아래에 점을 찍어 같은 글자가 반복됨을 보이고 있다.

### 3) 飜譯文

대당(大唐)의 고인(故人) 좌위위대장군(左威衛大將軍) 내원현(來遠縣) 개국자(開國子) 주국(柱國) 예공(祢公)의 묘지명(墓誌銘) 및 서문(序文).

공(公)의 이름은 식진(寔進)이니 백제(百濟) 웅천(熊川) 사람이다. 할아버지는 좌평(佐平) 예다(譽多)이고 아버지는 좌평 사선(思善)이니 모두 오랑캐나라 관직의 정일품(正一品)으로 최고 벼슬이다. 타고난 모습은 씩씩하고 굳셌으며, 성품은 충후(忠厚)하여, 창해(滄海)에 명성을 날리고, 청구(靑丘)에 기개를 드러냈다. 공의 기량(器量)은 깊어 그 바닥을 알 수 없을 정도였으며 재주와 모략은 크고도 심원하였다. 빈 활로 기러기를 떨어뜨렸고[2] 칼을 뽑으니 원숭이가 날아올랐다. 일찍부터 올바른 법규를 몸에 익혔고, 의젓한 절도는 항상 겉으로 드러났다.

이역(異域)의 정세를 점쳐서 장안(長安)의 밝은 곳으로 옮겨 갔다. 문과의 법을 잘 받들었을 뿐만 아니라 무관들의 고충도 잘 어루만져 주었다. 허리에 찬 활통에는 옥으로 만든 새를 장식하였고, 자주색 인수를 차고 누런색 흉배를 띠었다. 조정 밖을 나가면 열 마리의 절영마를 몰고, 궁궐 안에서는 구기(九旗)[3]를 도왔으니, 어찌 김일제(金日磾)[4]나 유여(由余)[5]의 무리와 나란히 그 공적을 의논하며 우열을 비교할 수 있겠는가?

성대한 은총[休寵][6]을 받았지만 어찌 이같은 날이 백년을 지속될 수 있을 것인가? 부생(浮生)을 갑자기 재촉하니 문득 한 순간에 먼지처럼 날려갈 뿐이다. 함형(咸亨, 당 고종의 연호, 670-673) 3년(672) 5월 25일 외지에 부임 중에 내주(來州=萊州, 山東省 동북부) 황현(黃縣)[7]에서 돌아가시니 춘추는 58세였다. 은혜로운 명령을 내려 장례가 예의에 흡족하였다. 그해 11월 21일에 고양원(高陽原)에 묻고 이에 전사(典司)에게 명하여 묘지명(墓誌銘)을 짓게하니 그 명(銘)은 다음과 같다.

---

2) 빈 활로 기러기를 떨어뜨린다(虛弦落雁)는 것은『戰國策』楚策4에 보이는 전국시대 更嬴의 이야기이다. 그가 빈 활을 퉁기니 놀란 기러기가 떨어졌다고 한다.

3) 九旗는 존비와 귀천을 나타내는 아홉가지 기이다. 또는 여러 군대의 기를 총칭하기도 한다.

4) 金日磾(BC.134-BC.86)는 전한 匈奴 사람으로 흉노 休屠王의 太子였다. 漢武帝 元狩 연간에 渾邪王을 따라 무리를 이끌고 한나라에 항복했다. 霍去病이 휴도왕을 포로로 잡아 天金人에 제사를 지냈다 하여 김씨 성을 하사받았다. 처음에 馬監이 되었다가 나중에 侍中에까지 올라 황제의 좌우에서 入侍했다. 수십 년 동안 과오나 허물이 없었으므로 車騎將軍에 임명되었다. 莽何羅가 모반을 일으키자 포박하여 주살하고, 이 공으로 秺侯(투후)에 봉해졌다. 무제가 죽자 霍光과 함께 遺詔를 받들어 昭帝를 보필했다. 시호는 敬이다.

5) 由余는 원래 西戎 사람인데 秦나라 繆公이 등용하여, 서방 이민족의 12국을 통합하고 영토를 1,000리에 이르도록 확장하여 진나라가 서방의 覇者가 되었다.

6) 休寵은 영광스럽고 빛나는 은총이란 뜻이다.

7) 黃縣은 山東省 烟台市에 있었던 현으로 지금의 龍口다.

아득한 바다의 동쪽 멀리서도 황국의 유풍을 받아들여
평화스런 기운을 받아들이고 교화를 음복하여 의로움을 끌어안고 뜻을 받들었네.
화려한 장식이 무성하니[榮榮][8] 조정의 반열[鵷鴻][9]에 들어섰도다.
보검(寶劍)에는 별의 기운이 둘러싸고 아로새긴 활에는 달빛이 가득하구나.
여러 차례 흡족한 은혜를 입어 하사받은 물건들이 넘쳐나는도다.
머나먼 황천의 길로 문득 떠나니 갑자기 커다란 골짜기[悲谷][10]로 떨어졌구나.
안개 속에는 고목이 서있고 서리는 차거운 풀떨기에 떨어지누나.
오로지 천지와 같이 장구할 것이며, 향기는 난초와 국화같이 그침이 없을지어다.

## [참고문헌]


〈단행본〉

노중국, 2003, 『백제부흥운동사』

이희진, 2009, 『백제사 미로찾기』, 소나무

이도학, 2010, 『백제 사비성 시대 연구』, 일지사.

〈논문〉

이도학, 2005, 「백제 무왕의 계보와 집권 기반」『백제문화』34.

金榮官, 2007, 「百濟遺民 禰寔進 墓誌 소개」『新羅史學報』10

拜根興, 2008, 「백제(百濟)와 당(唐) 관계에 관련한 두 문제-웅진 도독 왕문도의 사망과 예식진묘지명에 관하여」『百濟研究』47

權悳永, 2012, 「백제 유민 禰氏一族묘지명에 대한 斷想」『史學研究』105

金榮官, 2012, 「中國 發見 百濟 遺民 祢氏 家族 墓誌銘 檢討」『新羅史學報』24

金榮官, 2012, 「百濟 遺民들의 唐 移住와 活動」『한국사연구』158

拜根興(조우연 역), 2012, 「唐代 백제유민 禰氏家族 墓誌에 관한 고찰」『韓國古代史研究』66

정재윤, 2012, 「중국계 백제관료에 대한 고찰」『사총』77

董延壽·趙振華, 2007, 「洛陽, 魯山, 西安 出土的 唐代百濟人墓誌 探索」『東北史地』2007年 第2期


---

8) 榮榮은 무성한 모양이다.

9) 鵷鴻은 기러기이다. 기러기들이 날아갈 때에 차례가 있음에 비유하여 조정의 서열을 나타낸다.

10) 悲谷은 중국 고대의 전설적인 골짜기 이름이다. 서남쪽에 있는 깊은 골짜기인데 그 위에 서면 사람들로 하여금 저절로 슬퍼지게 만든다고 한다.

# 12. 祢軍 墓誌

## 1) 解題

예군(禰軍, 613-678)은 백제 멸망기의 무장이자 당에 투항한 백제 유민으로 예식진(祢寔進)보다 2살 위의 형이다. 2011년 7월 길림대학(吉林大學) 고적연구소(古籍硏究所)의 왕연룡(王連龍)이 서안(西安)에서 출토된 예군묘지(祢軍墓誌)의 개석(蓋石)과 지석(誌石)의 탁본사진과 함께 묘지(墓誌)를 소개하는 글을 발표함으로써 세상에 알려지게 되었다.

예군의 묘지는 지석과 개석을 모두 갖추고 있는데, 개석에는 예식진의 묘지와 마찬가지로 4행 4자의 전서(篆書)로 "大唐故右威衛將軍上柱國祢公墓誌銘"의 16자를 새겼고, 그 주변에는 기하문(幾何紋)을 새겼다. 지석은 정방형으로 가로 59cm, 세로 59cm, 두께 10cm로 정사각형의 괘선(罫線)을 그어 구획하여 전체 31행, 각행 30글자로 모두 884자를 새겼다. 글씨는 해서체이고 묘지명의 찬자(撰者)와 서자(書者)에 대한 기록은 보이지 않는다. 다만 예군의 장례를 감호(監護)한 홍문관(弘文館) 학사(學士) 왕행본(王行本)이 글을 짓거나 썼을 가능성이 높다. 묘지는 예군이 세상을 떠난 678년 10월에 만들어졌다.

예군 묘지와 예식진 묘지의 내용에서 가장 큰 차이는 가계에 대한 기록인데, 예군 묘지에서 조부는 좌평 예(譽), 부친은 좌평 선(善)으로 기록되어 있는데, 예식진 묘지에는 예다(譽多)와 사선(思善)으로 기록되어 있다. 이는 같은 인물에 대한 다른 표기일 것이다.

예군은 660년 7월 18일 아우인 예식진을 도와 의자왕을 사로잡아 사비성(泗沘城)에 주둔해 있던 당군 원수 소정방(蘇定方)에게 바쳤다. 이러한 공으로 당에 들어가 절충도위(折衝都尉)가 되었고, 좌융위낭장(左戎衛郎將)과 우령군중랑장(右領軍中郎將) 겸(兼) 검교웅진도독부사마(檢校熊津都督府司馬)에 올랐다. 예군은 웅진도독부에 부임하여 왜(倭)와의 외교문제를 해결하는 역할을 담당하였다. 당시 당과 왜국 사이의 악화된 관계를 회복하기 위해 왜와 친연관계가 있던 백제 유민을 활용하는데 앞장섰다. 『삼국사기』와 『일본서기』를 보면, 664년에 백제 좌평, 665년에는 웅진도독부사마 직함을 가지고 왜에 사신으로 파견된 것을 확인할 수 있다.

670년 7월 신라에 사신으로 파견되었다가 신라를 정탐한다는 혐의를 받고 2년 동안 억

류되었다. 그러나 672년 9월 신라에서 풀려나 당으로 돌아갔고, 그해 672년 11월 21일에 우위위장군(右威衛將軍)에 제수되었다. 678년 2월 19일 장안성의 연수리(延壽里) 사저에서 향년 66세에 병으로 세상을 떠났다. 그해 10월 2일 장안성 남쪽의 고양원(高陽原)에 장례를 치렀다.

예군 묘지가 학계의 주목을 받은 것은 2011년 10월 하순 일본의 유력일간지에서 일본(日本)이란 국호와 관련된 최고(最古)의 자료로 소개되면서부터이다. 이후 일본에서는 묘지에 보이는 '日本'이란 단어를 중심으로 활발한 연구가 이루어졌는데, 이 묘지에 보이는 일본을 정식 국호가 아니라 백제를 가리키는 것으로 보는 견해가 유력하다.

묘지문은 어려운 고사성어와 화려한 비유가 많아서 문의(文意)를 파악하기가 쉽지 않다. 특히 문제가 되는 것이 일본(日本), 부상(扶桑), 풍곡(風谷), 도반(盤桃) 등을 비롯한 지역을 나타내는 고유명사들인데, 이들 지명에 대해서는 논란이 계속되고 있는 실정이므로 따로이 주석을 달지 않았다. 이 이외에도 완곡한 비유가 무엇을 가리키는 것인지 잘 짐작이 되지 않는 부분도 많이 있다. 따라서 번역에 적지 않은 오류가 있을 것으로 생각된다. 많은 질정(叱正)을 바라마지 않는 바이다.

## 2) 原文

大唐 故右威衛將軍 上柱國 祢公墓誌銘 并序

公諱軍, 字温, 熊津嵎夷人也. 其先与華同祖, 永嘉末, 避亂適東, 因遂家焉. 若大巍巍鯨山, 跨青丘以東峙. 淼淼熊水, 臨丹渚以南流. 浸煙雲以摛英, 降之於蕩沃. 照日月而掜悊, 秀之於蔽虧. 靈文逸文, 高前芳於七子. 汗馬雄武, 擅後異於三韓. 華構增輝, 英材継響. 綿圖不絶, 弈代有聲. 曽祖福, 祖譽, 父善, 皆是本藩一品, 官号佐平. 並緝地義以光身, 佩天爵而懃國. 忠侔鐵石, 操埒松筠. 範物者, 道徳有成. 則士者, 文武不墜. 公狼輝襲祉, 鼃頷生姿. 涯濬澄陂, 裕光愛日. 干牛斗之逸気, 芒照星中. 搏羊角之英風, 影征雲外. 去顯慶五年, 官軍平本藩日, 見機識變, 杖劔知歸, 似由余之出戎, 如金磾之入漢. 聖上嘉歎, 擢以榮班, 授右武衛滻川府折衝都尉. 于時日本餘噍, 據扶桑以逋誅. 風谷遺甿, 負盤桃而阻固. 萬騎亘野, 与盖馬以驚塵. 千艘横波, 援原虵而縦沵. 以公格謨海左, 龜鏡瀛東, 特在簡帝, 往[1]尸招慰. 公[2]佝臣節而投命, 歌皇華以載馳. 飛汎海之蒼鷹, 翥淩山之赤雀. 決河眥而天吳静, 鑿風隧[3]而雲路通. 驚鳧失侶, 濟不終夕. 遂能說

1) 김영관은 '王'.
2) 김영관은 '公' 다음에 '序'자가 더 있는 것으로 보고 있다.

暢天威, 喻以禍[4]福千秋. 僭帝一旦稱臣. 仍領大首望數十人, 將入朝謁. 特蒙詔授左戎衛郎将, 少選遷右領軍衞中郎将兼檢校熊津都督府司馬. 材光千里之足, 仁副百城之心. 舉燭霊臺, 器標於芃棫. 懸月神府È, 芳掩於桂苻. 衣錦晝行, 冨貴無革. 雚蒲夜寢, 字育有方. 去咸亨三年十一月廿一日 詔授右威衞將軍. 局影彤闕, 飾躬紫陛. 亟蒙榮晉, 驟歷便繁. 方謂克壯清猷, 永綏多祐. 豈啚曦馳易往, 霜凋馬陵之樹, 川閲難留, 風驚龍驤之水. 以儀鳳三年歲在戊寅二月朔戊子十九日景午遘疾, 薨於雍州長安縣之延壽里第. 春秋六十有六. 皇情念功惟舊, 傷悼者久之. 贈絹布三百段, 粟三百斛, 葬事所須, 並令官給, 仍使弘文舘學士 兼檢校本衞長史 王行本監護. 惟公雅識淹通, 温儀韶峻, 明珠不纇, 白珪無玷. 十步之芳, 蘭室欽其臭味. 四鄰之彩, 桂嶺尚其英華. 奄墜扶揺之翼, 遽輟連春之景. 粤以其年十月甲申朔二日乙酉葬於雍州乹封縣之高陽里. 礼也. 駟馬悲鳴, 九原長往. 月輪夕駕, 星精夜上. 日落山兮草色寒, 風度原兮松聲響. 陟文榭兮可通, 随武山兮安仰. 愴清風之歇滅, 樹芳名於壽像. 其詞曰

冑胤青丘, 芳基華麗. 脈遠遐邈, 会逢時濟.
茂族淳秀, 弈葉相継. 獻款夙彰, 隆恩無替. 其一
惟公苗裔, 桂馥蘭芬. 緒榮七貴, 乃子傳孫.
流芳後代, 播美来昆. 英聲雖歇, 令範猶存. 其二
牖箭驚秋, 隟駒遄暮. 名将日遠, 徳随年故.
慘松吟於夜風, 悲薤哥於朝露.
霊轜兮遽轉, 嘶驂兮跼顧. 嗟陵谷之貿遷, 覬音徽之靡蠹. 其三

### 3) 飜譯文

대당(大唐)의 고(高) 우위위장군(右威衛將軍) 상주국(上柱國) 예공(禰公)의 묘지명(墓誌銘) 및 서문

공(公)의 이름은 군(軍)이고 자(字)는 온(溫)이니 웅진(熊津) 우이(嵎夷)[5] 사람이다. 그 선

---

3) 김영관은 '遂'.
4) 葛繼勇은 '禍'.
5) 嵎夷는 해가 뜨는 곳, 또는 동이족의 한 갈래를 나타내는 이름으로 일찍부터 중국의 고전에 보이는 이름이다. 여기에서는 지명으로 웅진도독부 직할 13縣의 하나인 嵎夷縣이다. 嵎夷는 神丘와 함께 백제 멸망 이전에 泗沘都城을 구획한 행정지명이었으므로, 오늘날의 扶餘지역으로 비정된다. 金榮官, 2012, 「中國 發見 百濟 遺民 祢氏 家族 墓誌銘 檢討」『新羅史學報』24, 9쪽.

조는 중화(中華)와 조상을 같이 하는데, 영가(永嘉, 西晋 怀帝의 연호, 307-313) 말년에 전란을 피하여 동쪽으로 가서 그곳에서 가문(家門)을 이루었다.

저렇게 높디높은 경산(鯨山)은 청구(青丘)를 넘어 동쪽으로 우뚝 솟고, 아득한 웅수(熊水)는 단저(丹渚)에 다다라 남쪽으로 흐른다. 안개 구름에 잠기어도 꽃송이는 피어나니 탕옥(蕩沃)에 내려온 것이요, 해와 달이 밝게 비추어 공손함을 이겨 드러내니 가리워진 중에서도 빼어남을 감출 수 없는 것이다. 신령스럽고 빼어난 문장은 건안칠자(建安七子)[6]보다 위에서 향기롭고, 천리마 같은 씩씩함은 그 뒤에 삼한(三韓)에서 그보다 뛰어난 이가 없었다.

화려한 가문은 빛을 더하여 영재(英材)들이 명성을 이어나갔고, 면면히 이어져 끊이지 않으니 대를 이어 소문이 자자하였다. 증조부 복(福), 조부 예(譽), 아버지 선(善)은 모두 원래 살던 고향[本藩=백제]에서 1품의 벼슬을 지냈으니 그 관직 이름이 좌평(佐平)이었다. 모두 그 지역의 도리에 충실하여 몸을 빛냈고, 하늘의 벼슬을 받아 나라에 이바지하였다.

충성스런 마음은 철석(鐵石)과 같았고 송죽(松竹)과 같은 절개를 지녔다. 본보기가 되는 자는 도(道)와 덕(德)이 모두 이루어져야 하고, 바른 선비는 문(文)과 무(武) 어느 한쪽도 놓쳐서는 안되는 것이다. 공은 동쪽의 낭성(狼星)[7]이 빛나듯이 조상의 복을 이어받아 선조의 행복을 계승하고, 필성(畢星)[8]이 고개를 끄덕이듯이 뛰어난 자태를 지녔다. 연못가로 흘러가는 맑은 물줄기와 같이 깨끗하고 넉넉한 광채는 태양을 사랑하는 것이리라. 두성(斗星)과 우성(牛星)[9]의 넘치는 기운[逸氣]을 막아내니 별들이 모두 희미하게 빛나게 되었고, 회오리바람[羊角]의 뛰어난 기세를 잡으니 그림자가 구름 밖에 비치게 되었다.

지난 현경(顯慶, 656-661) 5년(660)에 천자의 관군(官軍)이 본번(本蕃=백제)을 평정하였을 때, 공은 일의 기미를 살펴 변화의 조짐을 알아채고는 칼을 지팡이 삼아 짚고 귀순할 줄 알았으니, 마치 유여(由余)가 서융(西戎)을 나오는 것과 흡사하고 김일제(金日磾)가 한(漢)나라에 귀순한 것과 같았다[10]. 천자(天子)가 이를 가상히 여겨 발탁하여 영예로운 반열에 들게하고, 우무위 산천부절충도위(右武衛 滻川府折衝都尉)를 제수하였다.

이때에 일본(日本)의 잔당들이 부상(扶桑)에 의거하여 죽음을 피하고 있었고, 풍곡(風谷)의 도망간 백성들은 반도(盤桃)를 거점으로 굳게 저항하고 있었다. 만기(萬騎)를 들판에 뻗쳐 개마(蓋馬)로 하여금 놀라 먼지를 일으키게 하였고, 천 척의 배[千艘]로 하여금 파도를

---

6) 建安七子는 後漢 獻帝의 건안 연간(196-220)에 활동한 7명의 문인인 노국의 공융, 광릉의 진림, 산양의 왕찬, 북해의 서간, 진류의 완우, 여남의 응창, 동평의 유정을 통칭하는 말이다. 이들 건안칠자는 三曹(曹操와 그의 두 아들 조와 植))와 더불어 중국문학사에 있어서 대단히 중요한 위치를 차지하고 있다.

7) 狼星은 天狼星이라고도 하는데, 현재의 큰개자리의 알파성인 시리우스별이다. 항성 중에서 가장 밝은 별이다.

8) 畢星은 28宿(수) 중에서 19번째 별로 호랑이의 형상이라고 한다.

9) 斗星과 牛星은 28宿 중에서 각각 8번째와 9번째의 별자리로 함께 水氣運을 맡아 다스린다.

10) 由余와 金日磾에 대해서는 예식진 묘지의 각주를 참조하기 바람.

가로질러 큰 뱀[原虵]으로 하여금 파도를 일렁이게 하였다.

공은 해좌(海左=海東)에서 지모(智謀)가 으뜸이니 영동(瀛東)의 귀감(龜鑑)이라, 특별히 황제에게 선발되어 초위(招慰)의 일을 담당하였다. 공은 신하로서의 절조를 지켜 목숨을 내던지고, 황제의 영화(榮華)를 노래하며 곧장 달려나가니, 바다를 건너 날아가는 송골매요, 산을 넘어 날아오르는 붉은 참새[赤雀][11]와 같았다.

황하의 제방을 무너뜨리자 물길(天吳)[12]이 조용해지고, 바람이 통하는 길을 뚫으니 구름의 길이 통하였다. 짝을 잃은 오리가 놀라 빨리 나르는 것처럼 하루 저녁도 지나지 않아 모든 일을 마쳤다. 그리하여 천자의 위엄을 잘 설명하고 영원한 화복(禍福)의 이치로서 비유하여 타일렀다. 황제를 참칭(僭稱)하던 자가 하루 아침에 신하를 칭하고, 곧 대수망(大首望)[13] 수십 명을 거느리고 장차 입조(入朝)하여 알현(謁見)하고자 하였다. 이에 특명(特命)을 받아 좌융위랑장(左戎衛郎將)에 제수되었다.

얼마되지 않아 우령군위중랑장(右領軍衛中郎將) 겸 검교웅진도독부사마(檢校熊津都督府司馬)로 옮기게 되었다. 그 재목(材木)됨은 천리마와 같이 빛났고, 인자함은 모든 사람들의 마음에 들었다. 천자의 누각[靈臺]에 등불을 거니 그 기량(器量)은 많은 사람들의 표본(標本)이 되고, 달을 황제의 처소에 거니 그 향기로움은 계수나무나 귀목풀을 능가할 정도였다. 비단 옷을 입고 낮길을 걷는 듯하니 부귀(富貴)는 변함없이 지속되었고, 억새와 부들 사이에 숨은 도적들도 잠들만큼 백성을 다스리는데 남다른 재주가 있었다.

지난 함형(咸亨, 670-673) 3년(672) 11월 21일, 우위위장군(右威衛將軍)에 제수되니, 붉은 대궐문 앞에 자리를 잡고, 치장한 몸으로 황제의 계단을 오르내렸다. 승진을 거듭하여 여러 관직을 역임하였다. 바야흐로 맑은 계책을 장대하게 하고 영원히 많은 복을 받을 것 같았는데, 어찌 해가 빨리져서 방연(龐涓)이 마릉(馬陵)의 나무 아래서 죽을 줄 알았겠으며[14],

---

11) 赤雀은 전설상의 상서로운 새이다. 周나라 文王이 西伯이었을 때에 붉은 새가 丹書를 물고와 天命을 내려주었다고 한다.

12) 天吳는 水神의 이름이다. 『山海經』에 "朝陽의 골짜기에 신을 天吳라고 하는데 이것이 바로 水伯이다."라고 하였다.

13) 大首望의 뜻은 미상이나 전후관계로 보아 귀족들의 우두머리 또는 문무관료의 대표로 보인다.

14) 龐涓은 魏나라의 장군으로 孫臏과 함께 鬼谷 선생의 문하에서 동문수학하다가 위나라로 가서 장군이 되었다. 천성이 탐욕스럽고 음흉하여 동문수학할 때부터 자신보다 뛰어난 손빈을 은근히 시기하고 경원시했는데, 결국 간악한 계교를 써서 손빈을 제나라의 첩자로 몰아 월형(刖刑, 발목을 자르는 형벌)을 당하게 하여 앉은뱅이를 만들었다. 손빈은 제나라 장군 田忌에게 구출되어 제나라로 가서 軍師가 되었다. 그의 활약으로 桂陵 전투와 馬陵 전투에서 위나라가 제나라 군사에게 대패를 당하게 되고, 마릉 전투에서는 방연 자신도 손빈이 만든 함정에 빠져 죽게 된다. 이 전투에서 손빈은 일부러 군사들을 후퇴시키고 또 병사들이 많이 도망가는 것처럼 꾸며 방연으로 하여금 급히 추격하게 만들었다. 손자가 방연의 행군을 헤아려 보고 저녁이면 마릉에 도달하리라 짐작했다. 馬陵은 길이 좁고 길 옆은 험한 곳이 많아 복병을 숨길만 했다. 이에 큰 나무를 찍어서 희게 깎아 "방연은 이 나무 아래에서 죽는다."라고 썼다. 그리고 제나라 군사 중에서 활을 잘 쏘는 자를 골라 길 좌우에 매복시켰다. 이르기를, "저녁에 불빛이 오르는 것을 보면 모두 발사하라."고 했다. 방연이 과연 그곳에 이르자

또 강물의 흐름을 멈추기 어려워 오(吳)나라 용양장군(龍驤將軍)의 수군이 위급하게 될 줄 알았겠는가?

의봉(儀鳳, 676-679) 3년(678) 2월 19일 병오(丙午)일에 병으로 옹주(雍州) 장안현(長安縣) 연수리(延壽里)의 자택에서 세상을 떠나니 향년은 66세였다. 황제는 세운 공로를 생각하고 지난 날을 그리워하며 오래도록 애도(哀悼)하였다. 비단 300단(段)과 조 300곡(斛)을 주고 또 장례(葬禮)에 필요한 것은 모두 조정에서 지급하도록 하였다. 이어 홍문관학사(弘文館學士) 겸 검교우위위장사(兼檢校右威衛長史) 왕행본(王行本)으로 하여금 장례(葬禮)를 감호(監護)하게 하였다.

공의 탁월한 견식은 두루 세상사에 통하였고, 온화하고 의젓한 모습이 아름다우니, 명주(明珠)와 같아서 비길 이가 없었고, 백규(白珪)와 같이 흠집이 없었다. 10보까지 퍼지는 좋은 향기는 난실(蘭室)에서도 그 냄새를 흠모할 정도였고, 사방에 퍼지는 아름다운 빛깔은 계수나무가 무성한 언덕에서도 그 화려함을 부러워할 정도였다. 문득 날아 올라가던 날개가 꺽이니 갑자기 (폭포가) 방아질하는 경치를 볼 수 없게 됨과 같다. 그해 10월 2일에 옹주(雍州) 건봉현(乾封縣) 고양리(高陽里)에 장사지내니, 예의에 맞는 일이었다.

네 마리 말은 말은 슬프게 울고, 황천길에 가서 영원히 돌아오지 않았다. 달이 저녁에 지나가고, 별이 밤하늘에 나타났다. 해가 서산에 떨어지니 풀빛이 차갑고, 바람이 들판에 부니 소나무 소리 길게 울리네. 문관(文官)의 반열에 올라서도 통할만 했고, 무관(武官)으로서는 편안히 임금을 우러렀도다. 맑은 바람이 사라져가는 것을 슬퍼하여, 아름다운 이름을 돌에 걸어두려 한다. 그 말은 다음과 같다.

청구(青丘)의 맏아들로 태어나 중화(中華)의 아름다움에 향기롭게 자리잡았네.
혈맥은 오래가고 멀리까지 모습을 전하니 마침 건너야할 때를 만났도다.
번성(繁盛)한 일족(一族)은 순박하고 빼어나, 뛰어난 후손이 서로 이어 나왔다네.
바치는 정성을 일찍이 드러내니 두터운 은혜 변함이 없으리라. 이것이 첫째이다.
오직 공의 후예(後裔)들은 계수나무나 난과 같이 향기롭네.
일족의 시작은 건안칠자(建安七子)보다 번창하고, (그 영광은) 그대로 아들에게서 손자에게로 대대로 계승되고 있었다.
후세에까지 향기로운 이름을 전하여 아름다움을 후손에게 퍼뜨릴 것이니,
칭송은 비록 그칠지 몰라도 전범(典範)은 그대로 남을 것이로다. 이것이 둘째이다.
창 사이로 보는 화살처럼 순식간에 가을이 되고, 달리는 말을 틈 사이로 보듯이 눈 깜짝

---

이미 밤이 되었다. 그 나무 아래에 이르러 흰 바탕에 쓴 글씨를 보고 부싯돌을 쳐서 불을 켜 그것을 비추었다. 그러자 그 글을 다 읽기도 전에 제나라 군사의 쇠뇌가 일제히 발사되었다. 방연은 스스로 지혜가 다하여 패전한 것을 알고 목을 찔러 자결하였다.

할 사이에 해는 저물어 간다.
이름은 장차 날로 잊혀져 가고, 덕(德)은 세월따라 바래어질 것이다.
밤바람에 소나무의 신음소리 처량하고, 부추 위의 아침이슬 노래[薤露哥][15] 슬프도다.
상여가 갑자기 굴러가려 하는데, 말은 슬피 울며 나아가려 하지 않는구나.
산과 골짜기가 바뀜을 한탄하노니, 이 말이 좀먹지 않기를 바라노라. 이것이 셋째이다.

## [참고문헌]


〈단행본〉

노중국, 2003,『백제부흥운동사』, 일조각

이희진, 2009,『백제사 미로찾기』, 소나무

이도학, 2010,『백제 사비성 시대 연구』, 일지사

〈논문〉

이도학, 2005,「백제 무왕의 계보와 집권 기반」『백제문화』34

金榮官, 2007,「百濟遺民 禰寔進 墓誌 소개」『新羅史學報』10

拜根興, 2008,「백제(百濟)와 당(唐) 관계에 관련한 두 문제-웅진 도독 왕문도의 사망과 예식진묘지명에 관하여」『百濟研究』47

權悳永, 2012,「백제 유민 禰氏一族 묘지명에 대한 斷想」『史學研究』105

金榮官, 2012,「中國 發見 百濟 遺民 祢氏 家族 墓誌銘 檢討」『新羅史學報』24

金榮官, 2012,「百濟 遺民들의 唐 移住와 活動」『한국사연구』158

拜根興(조우연 역), 2012,「唐代 백제유민 禰氏家族 墓誌에 관한 고찰」『韓國古代史研究』66

정재윤, 2012,「중국계 백제관료에 대한 고찰」『사총』77

董延壽·趙振華, 2007,「洛陽, 魯山, 西安 出土的 唐代百濟人墓誌 探索」『東北史地』2007年 第2期

王連龍, 2011,「百濟人禰軍墓志考論」『社會科學戰線』2011年 第7期, 吉林省 社會科學院

王連龍, 2011,「新出百濟人祢軍墓誌」『社會科學戰線』2011年 第7期, 吉林省 社會科學院

張全民, 2011,「唐祢氏家族墓的考古發現與初步研究」,『西安地區中韓歷史文化交流學術會發表論文集』(西安)


15) 상여의 노래를 薤露哥라고 하는데, 인생이 부추 위의 아침이슬처럼 덧없음을 노래한 것이다.

葛繼勇, 2012,「禰軍墓誌についての覺書」『東アジア世界史研究センタ-年報』6號, 專修大學
東野治之, 2012,「百済人祢軍墓誌の‘日本’」『圖書』2012年2月號, 岩波書店

# 13. 唐 劉仁願紀功碑

## 1) 解題

<당유인원기공비>

이 비는 660년에 나당연합군(羅唐聯合軍)이 백제를 공략할 때 당나라에서 원정 온 장수 유인원(劉仁願)의 공적을 기리기 위해 세운 기공비(紀功碑)이다. 부소산에 세 조각으로 깨진 채 흩어져 있던 것을 그 자리에 비각을 세워 복원해두었다가, 해방 후 국립부여박물관으로 옮겨 놓았다. 비는 비몸돌의 앞면이 조금 깨어져 나갔고, 머릿돌도 부분적으로 깨어져 있으며, 비문은 몸돌 앞·뒷면에 새겨져 있으나 심하게 닳아 있어서 알아보기가 힘들다.

비몸돌과 머릿돌은 하나의 돌로 이루어져 있는데, 머리부분은 각이 없이 둥글다. 특히 머릿돌은 여섯 마리의 용조각이 매우 사실적인데, 좌우 양쪽에서 세 마리씩의 용이 올라가 서로의 몸을 휘감고 중앙에 있는 여의주를 서로 다투고 있다. 이는 당나라 전기의 화려한 수법을 보여주는 부분이기도 하다. 비신의 높이는 237.9cm, 두께 30.9cm이며 이수는 높이 113.6cm, 폭 133.3cm이다. 비문은 오른쪽 과반이 남아 있지만 닳아져 없어진 정도가 심하다. 총 34행에 1행은 대체로 69자로 되어 있는데 현재 제20행까지는 거의 판독이 가능하나 제21행은 18자 정도가 판독이 되며 22행부터는 대부분 판독이 불가능한 상태이다.

비문 내용은 당(唐) 낭장(郎將) 유인원(劉仁願)이 백제를 멸망시킨 후 사비성(泗沘城)에 유진(留鎭)해서 잔당(殘黨)을 진정시킨 사력(事歷)을 싣고 있다. 판독이 가능한 전반부 비문의 내용을 보면 유인원의 세계(世系)와 생애 두 부분으로 되어 있다.

그는 자(字)는 사원(士元)이고, 조음(雕陰) 대빈(大斌) 사람으로 오도독부가 설치되었을 때 낭장(郎將)으로 도성 수위의 책임을 맡았다. 이때 복신(福信)과 도침(道琛)의 부흥운동군에 의해 도성에 포위되었다가 유인궤(劉仁軌)가 거느린 당군과 신라군에 의해 구원되기도 하였다.

비가 세워진 시기는 문무왕 3년(663)으로 부여 정림사지 오층석탑(국보 제9호)에 비문을 새긴지 3년 후이다. 이 해는 유인원이 백제의 잔존세력인 복신(福信)과 부여풍(扶餘豊)을 평정한 해이다. 1963년 1월 21일 보물 제21호로 지정되었다.

## 2) 原文

盖聞, 龍躍[1]天衢, 必藉風雲之力, 聖人膺運, 亦待將帥之功, 方邵□□□□周, 衛霍馳節[2]於强漢. 其能繼□歌詠者, 惟在劉將軍乎. 君名仁願, 字士元, 雕陰大斌人也. □土開家, □□建旆於東國, 分茅錫讓, 王孫杖[3]節於北疆. 三楚盛其衣簪, 六郡[4]稱其軒冕, 分枝布葉, 可略而言. 高祖□□, 散騎常侍, 寧東[5]將軍, 徐州大中正, 彭城穆公. 屬魏室不綱, 尒朱陵虐, 東京淪喪, □□西遷, 陪奉鑾輿, 徙居關內. 尋除鎭北大將軍, 持節, 都督, 河北諸軍事, 綏州刺史, 因官食封, 仍代居之, □鼓□□之,[6] □北州之望. 曾祖平, 鎭北大將軍, 朔方郡守, 綏州刺史, 上開府儀同三司, 襲爵彭城郡開國公. 祖懿周, 驃騎大將軍, 儀同三司, 隨使持節, 綏州諸軍事, 綏州摠管, □州刺史, □□郡開國公. 父大俱, 皇朝使持節, 同[7]綏二州摠管, 廿四州諸軍事, 綏州刺史, 尋遷都督, 左武衛將軍, 右驍衛大將軍, 勝夏二州道行軍摠管, 冠軍大將軍, 鎭北大將軍, 上柱國, 別封彭城郡開國公. 竝桂馥蘭芬, 金貞玉潤, 名高大樹, 譽滿[8]詞林, 珪璋閥閱, 見於斯矣. 君稟度河基, 資靈嶽瀆, 牆宇凝峻, 孝敬日躋. 命偶昌期, 逢時遇主, 欽明啓運, 光宅普天. 太宗文皇帝, 乃聖乃神, 乃文乃武, 併呑六合, 席卷八荒, 博訪群材, 用康大寶,[9] 英髦特達, 幽顯必臻.[10] 君以地蔭膏腴, 門承勳業, 令聞之譽, 僉議攸歸. 起家爲弘文館學生, □進右親衛□□□□□□□□, 旅力□健, 膽氣過人, 嘗從出遊, 手格猛獸, 太宗深歎異之, 特加賞賜, 卽降, 恩詔, 入仗內供奉. 貞觀十九年, 太宗親駈[11]六軍, 省方遼碣, 千乘雷動, 萬騎雲屯, □□□□□□畢集, 而高麗賊臣蓋蘇文, 獨生携貳, 鳩聚亡命, 招納姦回, 囚其君長, 擧兵稱亂, □率蟻衆, 敢抗王師. 皇赫斯怒, 龔行弔[12]

1) 『海東金石苑』, 『韓國金石全文』은 '御'.
2) 『三韓金石錄』, 『海東金石苑』은 '聲'.
3) 『朝鮮金石總覽』, 『韓國金石全文』은 '授'.
4) 『三韓金石錄』, 『韓國金石全文』은 '都'.
5) 『海東金石苑』, 『朝鮮金石總覽』은 '遠'.
6) 『海東金石苑』은 '更'.
7) 『朝鮮金石總覽』, 『韓國金石全文』은 '因'.
8) 『朝鮮金石總覽』은 '播'.
9) 『海東金石苑』은 '夏'.
10) 『朝鮮金石總覽』은 '隣'
11) 『三韓金石錄』, 『海東金石苑』은 '馭'.

伐, 兵鋒所[13]到, 若破□□, □其遼東盖牟□□□十城, 駐□□□新城安地等三□[14]), 虜其大將延壽惠眞, 俘其甲卒一十六萬. 君身預戎旃, 手奉羈靮, 前茅後殿, 每陣先登, 摧强陷堅, 同於拉朽, 戰勝攻取, □□□□. □賜物乘馬一疋, □□□□□□□弓二張, 大箭三百隻, 竝是供奉御仗, 特加褒異. 遼東行還, 累前後戰功, 超拜上柱國, 別封黎陽縣開國公, 擢授右武衛鳳鳴府, 左果毅都尉, 壓領飛騎於北門長上. 卄一年, 任行軍大[15]摠管, 隨英國公李勣, 經略延陀, 竝迎接車鼻, 安撫九姓鐵勒, 行還改授右□衛郎將, 依舊□□供奉. 卄二年, 又任大摠管, 向遼東經略, 以公事除名. 其年更授右武衛神通府, 左果毅都尉. 卄三年, 太宗宮車晏駕, 宗廟社稷, 不可一日無□, 儲皇諒闇, 纂戎□□, 周邦雖舊, 厥政惟新, 凡百庶寮,[16] 勉修其職. 君以沐浴聖智[17], 材明被用, 未踰朞月, 又蒙今上駈使. 永徽二年, 更入鐵勒撫慰[18], 行隨[19]□勑, 簡[20]折衝果毅, 强明堪[21]統領者, 隨機處分[22]. 君受□經略, 頻度[23]遼東, 五年授葱山道行軍大摠管, 隨盧[24]國公程知節, 討□賀魯, 行還從行洛陽. 顯慶元年, 遷左驍衛郎將, 二年, 應詔, 擧文武高第, □進三階, 後入鐵勒安撫. 四年, 入吐谷渾及吐藩宣勞. 五年, 授嵎夷道行軍大摠管, 隨邢國公蘇定方, 平破百濟, 執其王扶餘義慈, 竝太子隆, 及佐平□率[25], 以下七百餘人, 自外首領, 古魯都□, 奉武□扶餘生[26], 受延尒普羅等, 竝見機而作, 立功歸順, 或入移絳闕, 或入□□□, 合境遺黎, 安堵如舊. 設官分職, 各有司存, 卽以君爲都護兼知留鎭. 新羅王金春秋亦遣少[27]子金泰, 同城固守, 雖夷夏有殊, 長幼懸隔, 君綏和接待, 恩若弟兄, 功業克就, 盖由於□. 然昔周武平殷, 商奄續[28]叛, 漢定西域, 踈勒被圍, 餘風未歹尒, 久懐草竊. 蠻貊之俗, 易動難安[29], 況北方逋寇. 元來未附, 旣見雕戈, 東邁錦纜, 西浮妖孼侏張, 仍圖反逆, 卽有僞僧道琛, 僞扞率鬼室福信. 出自閭巷爲其魁首, 招集狂狡, 堡據任存, 蜂屯蝟起, 彌山滿谷. 假名盜位, 竝[30]□將軍, 隳城破邑, 漸入中部, 堙井刋木,

---

12)『海東金石苑』은 '天'.
13)『海東金石苑』은 '初'.
14) '城'으로 보이기도 한다.
15) '子'로 보는 견해가 많으나 문맥상 '大'가 옳다.
16)『海東金石苑』은 '官'.
17)『三韓金石錄』은 '勇略多智',『海東金石苑』은 '勇略見知',『朝鮮金石總覽』은 '沐浴聖知'.
18)『三韓金石錄』은 '帥'.
19)『三韓金石錄』,『韓國金石全文』은 '隨'. '還'으로도 보인다.
20)『三韓金石錄』,『韓國金石全文』은 '聞'.
21)『朝鮮金石總覽』은 '其'.
22)『海東金石苑』,『韓國金石全文』은 '兮'.
23)『朝鮮金石總覽』은 '慶'.
24)『三韓金石錄』은 '雷',『韓國金石全文』은 '盧'.
25)『朝鮮金石總覽』은 '□公'. 達率일지도 모르겠다.
26)『海東金石苑』은 '扶餘□',『朝鮮金石總覽』은 '伏□□'.
27)『三韓金石錄』은 '小'.
28)『三韓金石錄』은 '終',『海東金石苑』은 '絲'.
29)『朝鮮金石總覽』은 '當難□□'.
30)『朝鮮金石總覽』은 '單'.

壞宅焚廬, 所過殘滅, 略無遺噍. 凶威旣逞, 人皆脅從, 布柵連營, 攻圍留連. 雲梯俯瞰, 地道旁[31] 通, 擊石飛矢, 星奔雨落, 晝夜連戰, 朝夕憑陵, 自謂興亡繼絶, □□□□□□. 閑然高枕, 不與爭鋒, 堅甲利兵, 以□其弊賊等, 曠日持久, 力竭氣衰, 君乃陰行間諜, □其卒墮[32], 構[33]□□□, □釁待時, 鑿門開穴, 縱兵掩襲 …………… (43자 缺) ……… 柵二城, 時屬窮, 冬 ……… …………………(11행 缺) …………… 二城 …………… 害□牒新羅追兵前□□□□□□□□ □ 乘□□其 …………………………

## 3) 飜譯文

대저 듣건대 용이 하늘[天衢]에서[34] 뛰놀 때는 반드시 바람과 구름의 도움을 받아야 하고, 성인이 천운(天運)에 응할 때에는 장수(將帥)의 공을 기다린 후에야 가능하다. 방숙(方叔)과 소호(邵虎)[35]는 … 주(周)에서 …… 위청(衛靑)과 곽거병(霍去病)[36]은 강한 한나라의 용맹한 장수였다. 능히 이들을 계승하여 노래부를 수 있는 이는 아마도 유장군(劉將軍)일 것이다.

군(君)의 이름은 인원(仁願)이고 자(字)는 사원(士元)으로 조음(雕陰, 지금의 섬서성 甘泉縣) 대빈(大斌) 사람이다. …… 가문을 열어 …… 동국(東國)에 깃발을 세우게 하였다. 모토(茅土)를 나누어 주어[37] 왕손(王孫)이 북강(北疆)에서 장군의 직을 수행하게 되었다. 남쪽의 초나라 지역에서도 중앙의 관리들이 행세하였고, 육군(六郡)[38] 지역에서 천자의 덕을 칭송하게 되었으니 그 갈라져 나간 후손과 종족에 대해 대략 말할 수 있을 것이다.

고조(高祖) □□는 산기상시(散騎常侍) 영동장군(寧東將軍) 서주대중정(徐州大中正) 팽성목공(彭城穆公)이다. 위(魏)나라 왕실이 기강이 없어져 이주(爾朱)[39]가 전권을 마음대로 휘둘러 동경(東京=洛陽)이 망하여 없어지고 …… 서쪽으로 옮긴 때에 천자의 수레를 받들어 모시고 관내(關內)로 옮겨 살았다. 얼마 있다가 진북대장군(鎭北大將軍) 지절도독(持節都督)

31) 『三韓金石錄』은 '傍', 『韓國金石全文』은 '瞰'.
32) 『三韓金石錄』은 '隳'.
33) 『三韓金石錄』은 '溝'.
34) 天衢는 하늘의 통로이다.
35) 方叔과 邵虎는 周나라 宣王대의 賢臣들로 荊蠻을 평정하였다.
36) 衛靑과 霍去病은 漢 武帝 때 武將들로 흉노를 정벌하는데 큰 공을 세웠다.
37) 茅土를 分封하는 것으로 제후로 봉한다는 뜻이다. 옛날 천자가 제후를 봉할 때 白茅에 흙을 싸서 하사하였다.
38) 六郡은 漢나라의 隴西·天水·安定·北地·上郡·西河 등 6개의 郡을 이른다.
39) 爾朱는 後魏 사람 爾朱榮이다. 明帝가 죽은 후 莊帝를 세우고 天柱大將軍이 되어 마음껏 위세를 부리다가 誅殺되었다.

하북제군사(河北諸軍事) 수주자사(綏州刺史)를 제수받고 관직에 걸맞는 식읍(食邑)을 받아 대대로 거기에서 살았으며 …… …….

증조(曾祖) 평(平)은 진북대장군(鎭北大將軍) 삭방군수(朔方郡守) 수주자사(綏州刺史) 상개부의동삼사(上開府儀同三司)로서 봉작을 이어받아 팽성군개국공(彭城郡開國公)이 되었다.

할아버지 의주(懿周)는 표기대장군(驃騎大將軍) 의동삼사(儀同三司) 수사지절(隨使持節) 수주제군사(綏州諸軍事) 수주총관(綏州摠管) □주자사(州刺史) □□군개국공(郡開國公)이다.

아버지 대구(大俱)는 당나라의 사지절(使持節) 동·수이주총관(同·綏二州摠管) 이십사주제군사(二十四州諸軍事) 수주자사(綏州刺史)였는데 얼마 있다가 도독(都督) 좌무위장군(左武衛將軍) 우효위대장군(右驍衛大將軍) 승·하이주도행군총관(勝·夏二州道行軍摠管) 관군대장군(冠軍大將軍) 진북대장군(鎭北大將軍) 상주국(上柱國)으로 관직이 바뀌고 따로 팽성군개국공(彭城郡開國公)으로 봉해졌다. 모두 계수나무와 난초의 향기가 있었고 쇠와 옥처럼 굳고 윤이 났으며, 명성이 커다란 나무보다 높고 명예가 한림(寒林)에 가득차니 인품이 높은 벌열(閥閱)을 여기에서 보겠도다.

군은 황하의 근원에서 커다란 도량을 받았고 명산대천(名山大川)의 정기에 힙입어 도량(度量)이 산과 같이 높았고 효성과 공경(恭敬)이 나날이 진보했다. 운수가 뻗치는 때에 시운(時運)을 만나 좋은 임금을 섬기게 되었으니, 몸을 삼가 현명하게 천운(天運)을 열어 너른 세상을 밝게 다스렸다. 태종문황제(太宗文皇帝)는 성스럽고 영묘하시며 문무(文武)를 모두 갖추셔서, 천하를 병탄(併呑)하고 먼 지역까지 모두 차지하였다. 널리 여러 재주있는 사람을 찾아서 왕실을 튼튼하게 하였으며, 뛰어난 사람은 특별히 뛰어나게 하시고 숨은 인재들이 모두 나오게 하셨다.

군은 기름진 땅에서 자라며 가문의 공적을 이어 받으니, 아름다운 소문이 무성하고 여러 사람들의 칭송을 받았다. 집안을 일으켜 홍문관학생(弘文館學生)이 되었고, 나아가 우친위(右親衛)……가 되었다. 완력이 굳세고 담력이 남보다 뛰어나, 일찌기 왕을 수행해서 노닐 때 맨손으로 사나운 짐승을 사로잡으니 태종이 그의 출중함에 깊이 놀라고 특이하게 여겨 특별히 상을 더 내리고 조서를 내려 궐내(闕內)에 들어와 내공봉(內供奉)을 맡게 했다.

정관(貞觀, 당 태종의 연호, 627-649) 19년(645)에 태종이 친히 육군(六軍)을 거느리고서 멀고 험한 곳을 순행하니 1,000대의 수레가 우뢰처럼 울리고 만명의 기병(騎兵)들이 구름처럼 모여 ……… 다 모였으나 고구려의 역신(逆臣) 개소문(蓋蘇文)만이 홀로 딴 마음을 품고서 망명한 사람들을 한데 모으고 간사한 사람들을 불러들여, 그 군장을 가두고 병사를 모아 난을 일으켜 개미같이 많은 무리를 거느리고 감히 왕의 군대에 대항하였다. 황제께서 크게 노하시어 포학한 임금을 토벌하여 백성을 구제하고자 하였다. 군대의 날카로운 기세가 이르는 곳마다 마치 …… 깨뜨리는 것과 같아서 요동(遼東)·개모(蓋牟)·□□ 등 10성(城)을 ……… 신성(新城)·안지(安地) 등 3성(城)에 주둔하여 그 대장 연수(延壽)와 혜진(惠眞)을 사로잡고 그 군사 16만을 포로로 잡았다. 군은 몸소 전장에 참여하여 손수 굴레와 고삐를 받들고, 공격할 때는 척후병처럼 앞서고 후퇴할 때는 맨 뒤에서 추격하는 적을 막았다. 강하고 견고한 성을 꺾고 함락시키기를 썩은 나무를 꺾어 부러뜨리는 것과 같이 하여, 싸움에 이기고 공격하여 빼앗은 것이 ……… 하사한 물건이 승마(乘馬) 한 필(疋)과 ……활 두 개, 큰 화살 300척(隻)인데 모두 천자를 호위하는 호위병으로서 특별히 포상을 받은 것이다. 요동에서 돌아온 뒤 그간 누차의 전공(戰功)으로 상주국(上柱國)에 특별히 배수되고 따로 여양현개국공(黎陽縣開國公)으로 봉해졌으며 우무위(右武衛) 봉명부(鳳鳴府)의 좌과의도위(左果毅都衛)로 임명되어 북문장상(北門長上)의 기병을 총괄하였다.

정관(貞觀) 21년(647)에는 행군대총관(行軍大摠管)으로 임명되어 영국공(英國公) 이적(李勣)을 따라 설연타(薛延陀)[40]를 경략하고 아울러 거비(車鼻)[41]를 영접하였으며 구성(九姓) 철륵(鐵勒)[42]을 안무하였다. 돌아옴에 다시 우무위랑장(右武衛郎將)을 제수받고 예전과 같이 내공봉(內供奉)을 맡았다.

22년(648)에 또 대총관(大摠管)에 임명되어 요동을 향해 경략하려다가 다른 공적(公的)인 일 때문에 참가하지 못하게 되었다. 그해에 다시 우무위(右武衛) 신통부(神通府)의 좌과의도위(左果毅都尉)를 제수받았다. 23년(649)에 태종이 붕어함에 종묘사직은 하루라도 임금이 없을 수 없어, 황태자가 거상(居喪) 중에도 병장기를 모아 ……… "주나라가 비록 오래되었으나 그 정치는 새롭다[周邦雖舊 厥政惟新]"[43]고 한 것과 같았다. 군은 천자의 지혜를 업고 재주와 명민함으로 기용이 되어 한 달도 되지 않아 또 현재 임금의 부림을 받았다.

영휘(永徽, 당 고종의 연호, 650-655) 2년(651) 다시 철륵(鐵勒)에 들어가 위무하였는데, 돌아와서는 조칙에 따라서 적의 예봉을 꺾음이 결단성이 있고 굳세며, 강하고 현명함이 통령(統領)을 감당할 만한 자로 선택되어 전권을 위임받아 마음대로 결정할 수 있었다. 군은 천하를 경영하며 사방을 공략하는 임무를 받아 자주 요동을 다녀왔으며, 5년(654)에는 총산도행군대총관(蔥山道行軍大摠管)을 제수받고 노국공(盧國公) 정지절(程知節)을 따라 □하로(賀魯)를 토벌하고 돌아오는 길에 낙양(洛陽)으로 천자의 행차를 좇았다.

---

40) 薛延陀는 흉노의 別種으로 勅勒(鐵勒)諸部의 하나이다. 唐나라 초기에는 서돌궐에 복속하고, 서돌궐의 세력이 약해지자 돌궐에 귀부했다. 돌궐의 혼란에 편승해서 回紇 등과 반란을 일으켜 돌궐 군대를 격파하고 나라를 세웠는데, 貞觀 20년에 唐에게 멸망당했다.

41) 車鼻可汗은 당 태종 때 西突厥의 可汗이다. 金山 북쪽에 자리잡고 있다가 薛延陀의 可汗에 복속되었으며, 후에 舊地로 돌아와서 군사를 일으켜 독립하였다. 당 태종에게 입조하고자 하므로 태종이 雲麾將軍 韓華를 시켜 맞이하게 하였는데 이를 어기자 태종이 노하여 그를 쳐서 마침내 金山에서 사로잡았다. 고종에게 용서를 받아 左武衛將軍을 제수받고 長安에 머물렀다.

42) 鐵勒은 종족명으로 그 선조는 흉노의 苗裔이다. 종류가 가장 많아 回紇과 薛延陀 諸部는 모두 그 종족이며 勅勒이라고도 한다.

43) 『詩經』 大雅 文王편에 나오는 말인데, 文王이 이미 죽었으나 그 신령은 위에 있어 하늘을 밝게 비추고 있으니 주나라가 비록 천 년이 된 나라이지만 그 천명을 받은 것은 늘 새롭다는 뜻이다.

현경(顯慶) 원년(656)에는 좌효위랑장(左驍衛郞將)으로 관직이 바뀌고, 2년(657)에는 왕의 명령에 따라 문무가 뛰어난 관리를 천거하였으며 세 관등을 특진하였다. 뒤에 철륵(鐵勒)에 가서 이들을 위무하였다. 4년(659)에는 토곡혼(吐谷渾)[44] 및 토번(吐藩)[45]에 들어가 있는 힘을 다해 다스렸다. 5년(660)에 우이도행군대총관(嵎夷道行軍大摠管)을 제수받고 형국공(邢國公) 소정방(蘇定方)을 따라 백제를 완전히 평정하고 그 왕 부여의자(扶餘義慈)와 태자 융(隆)및 좌평(佐平)·달솔(達率) 이하 700여 명을 사로잡았으며, 외방(外方)의 수령 고로도□(古魯都□), 봉무□(奉武□), 부여생(扶餘生), 수연(受延), 이보라(尒普羅) 등을 모두 기용하여, 공을 세우고 귀순하게 하여 혹은 맞아들여서 대궐로 들어오게 하고, 혹은 …… 들어오게 하니 …… 그 지역의 유민들이 예전과 같이 편안히 여겼다. 관직을 설치해서 직분을 나누어 각기 맡은 바가 있게 하였다. 이에 (조정에서) 군을 도호(都護) 겸 지류진(知留鎭)으로 삼았다. 신라왕 김춘추(金春秋) 또한 막내 아들 김태(金泰)를 보내어 함께 성을 굳게 지키게 하니, 비록 오랑캐와 중국의 다름이 있고 어른과 아이의 현격한 차이가 있었으나, 군이 마음 편하게 접대해 주는 것이 그 은혜가 형제와 같았다. 공업(功業)이 능히 이루어질 수 있었던 것은 대개 여기에서 말미암은 것이었다.

그러나 옛날 주나라 무왕(武王)이 은나라를 평정할 때 은나라의 간신배들이[商奄] 계속해서 반란을 일으켰고, 한나라가 서역을 평정할 때 소륵(疏勒)[46]에서 포위당하였으니, 이는 남아있는 나쁜 풍습이 아직 없어지지 않고 오래도록 품어온 생각이 도둑처럼 나타났기 때문이다. 만맥(蠻貊)의 풍속도 동요시키기는 쉬우나 안정시키기는 어려운데, 하물며 북방의 도적떼들은 처음부터 우리에게 내부(來附)하지 않았다. 이미 조과(雕戈)[47]를 보았으며 동쪽으로는 금람(錦纜)[48]으로 순행하였으나, 서쪽에서 재앙의 조짐이 떠오르면 곧 반역을 도모하니 곧 가짜 승려 도침(道琛)과 가짜 한솔(扞率) 귀실복신(鬼室福信)이 그들이다. 민간에서 나와 그 우두머리가 되어서는 사납고 교활한 사람을 불러모아 임존성(任存城)에 성채를 쌓고 웅거하여, 벌떼처럼 모여 있고 고슴도치처럼 일어나서 산곡에 가득 차 있었다. 남의 이름을 빌리고 지위를 훔쳐 모두 장군이라 칭하고 성읍(城邑)을 무너뜨리고 점차 중부(中部)로 들어가 우물을 메우고 나무를 베며, 집들을 무너뜨리고 태워버려서 지나는 곳마다 잔학(殘虐)하게 죽여 거의 살아남은 백성이 없었다. 흉악한 위세가 이미 드러나서 사람들이 모두 위협당해 복종하며, 성채를 벌여놓고 군영(軍營)을 늘어세워놓아 오래 머물러 있는 우리

44) 吐谷渾은 鮮卑族의 한 갈래로 본시 淸海 부근에서 부락을 이루어 당나라에 예속되었다가 나중에 吐藩에 병합당하였다.
45) 吐藩은 지금의 西藏 지역으로 印度와 통하고 또 당나라 태종과 우호관계를 맺어 한때 세력이 강하였으나 이후 점점 쇠약해져서 청나라 때에 蕃屬國이 되었다.
46) 疏勒은 한대에 新疆城에 있던, 서역 36국 중의 하나이다.
47) 雕戈는 珠玉을 아로새겨 박은 창으로 천자의 무기를 뜻한다.
48) 錦纜은 錦纜牙檣의 준말로 비단 닻줄과 상아의 돛대이니, 隋 양제의 호화스러운 船遊를 가리킨다.

군대를 공격해서 포위하였다. 운제(雲梯)[49]로 굽어보고 지도(地道)[50]로 환히 들여다보며, 돌을 던지고 화살을 쏘는 것이 운석과 같이 날리고 비처럼 떨어지며, 밤낮으로 계속해서 싸웠다. 아침 저녁으로 세력을 믿고 침범하면서도 스스로 일컫기를 망한 것을 일으키고 끊어진 것을 잇는다고 ………… 마치 아무런 방비도 없이 안심하는 척하며 적과 더불어 창검을 가지고 다투지 않고, 병력으로 … 적을 막아 지구전에 대비하였다. 나쁜 적들이 힘이 다하고 기운이 쇠해지기를 기다려서, 군이 몰래 간첩을 보내서 그 병사들이 게을러진 때를 엿보고 ……를 만들고 틈을 타고 때를 기다려 문을 뚫고 굴을 열어 병사를 풀어서 엄습케 하여 ……………

## [참고문헌]

〈단행본〉

許興植, 1984,『韓國金石全文』古代篇, 亞細亞文化社

國史編纂委員會, 1995,『韓國古代金石文資料集』Ⅰ, 國史編纂委員會

權悳永, 2002,『韓國古代金石文綜合索引』, 학연문화사

〈논문〉

沈正輔, 1983,「百濟復興軍의 據點에 關한 硏究」『百濟硏究』14

金榮官, 1990,「羅唐聯合軍의 百濟侵攻戰略과 百濟의 防禦戰略」『STRATEGY21』제2권 제2호, 한국해양전략연구소

成周鐸, 1990,「百濟 炭峴 小考-金庾信將軍의 百濟攻擊路를 中心으로」『百濟論叢』2

金英心, 1992,「唐 劉仁願紀功碑」『譯註 韓國古代金石文』Ⅰ, 韓國古代社會硏究所 編

方香淑, 1994,「百濟故土에 대한 唐의 支配體制」『李基白先生古稀紀念韓國史學論叢』上-古代篇·高麗時代篇

郭丞勳, 1997,「新羅 哀莊王代 誓幢和上碑의 建立과 그 意義」『국사관논총』제74집, 국사편찬위원회

拜根興, 2002,『7世紀 中葉 羅唐關係 硏究』, 경북대학교 사학과 박사학위논문

49) 雲梯는 성을 공격하는 긴 사다리이다.
50) 地道는 적을 공격하기 위해서 땅 속으로 굴을 파서 만든 길이다.

# 14. 定林寺址 五層石塔 楣石刻字

## 1) 解題

<정림사지 오층석탑>

충남 부여 옛 시가중심지 동남리에 백제시대 사찰이었던 정림사지가 있다. 정림사지는 사적 제301호로 지정되어 있는데, 여기에는 보물 제108호로 지정된 고려시대 석불좌상이 있고, 그 남쪽에 높이 8.93m의 정림사지 5층석탑이 서 있다.

660년 신라와 당나라의 연합군이 사비도성인 부여를 함락함으로써 백제는 멸망하였다. 당나라 장수 소정방(蘇定方)은 이 탑의 1층탑신(塔身)의 네 면에 "대당평백제국비명(大唐平百濟國碑銘)"라는 제목으로 백제와 전쟁에서 승리한 내용을 새겨 전승기념물로 삼았다. 이후 이 탑은 당나라가 백제를 평정한 기념탑이라는 의미에서 '평제탑(平濟塔)'으로 불리게 되었다.

또한 이 석탑의 "대당평백제국비명"을 새긴 석탑 제1층의 미석부(楣石部)에도 명문이 새겨져 있는데 모두 해서체이며 글자크기는 3.6cm이다. 동남 양측은 글자가 확인되지 않으며, 서측과 북측만이 남아 있다. 서측과 북측은 각각 32행으로 1행은 3자씩인데 마멸이 심하여 판독이 가능한 글자는 극히 적다. 연대는 "대당평백제국비명"이 새겨진 것과 같은 연대인 현경 5년(660)으로 추정된다.

<정림사지 오층석탑 미석각자>

정림사지에 대한 발굴은 일제강점기인 1942년 총독부박물관에서 처음으로 실시하였다. 이때 '대평8년무진정림사대장당초(大平八年戊辰定林寺大藏當草)'라고 새겨진 기

와편이 출토되어 이 절터가 정림사였던 것을 알게 되었다. 대평 8년은 고려 현종 때인 1028년으로, 아마도 이때 대장경을 보관하는 건물에 기와를 올렸던 것으로 보인다. 이 기와의 출토로 이 절이 고려시대에 '정림사'였음은 분명해졌으나, 백제 때의 절 이름은 아직 확실하지 않다. 『삼국사기』 백제본기 의자왕 말년 기사에 도양사(道讓寺)라는 절 이름이 보이는데, 이것이 곧 정림사의 옛 이름이었을 것으로 보기도 하지만 근거가 약하다.

## 2) 原文

〈서측〉

內給事[1) 上□□ □道□ □□□ 長□□

衙上柱 國[2)□□ 爲□□ 通□□ □□□

衙□□ □□□ □□□ □□□ □□□

□□□ □□□ □□□ □□長 □□□

□□□ □□□ 君恪□ □□府 □□□

長□□ □州府 □□□ 同□□ □□□

□□□ □□□

〈북측〉

□□□ □□□ □□□ □□□ □□□

州司馬 李□□ □曹□ 州司□ 陰□□

□曹司 農□□ □□□ □□□ □□□

曹□□ □□□ 鎧□□ 州司□ 李思約

鎧□□ □府兵 曹李□ 師□□ □□□

□□□ □□□ □□□ □□□ □□□

□□□ □□□

---

1) 內給事는 唐代에 설치한 관직으로 궁중에서 皇后의 命을 맡고 后의 출입에 前驅가 되었다.

2) 上柱國은 隋唐 이후 明代까지 勳官 最高位의 직이다.

## [참고문헌]

〈단행본〉

李蘭暎 編 李丙燾 監修, 1968,『韓國金石文追補』, 中央大出版部 ; 1976, 亞細亞文化社

黃壽永, 1976,『韓國金石遺文』, 一志社 ; 1994, 復刊 ; 1999,『金石遺文 黃壽永全集4』, 혜안

許興植, 1984,『韓國金石全文』古代篇, 亞細亞文化社

韓國古代社會研究所 編, 1992,『譯註 韓國古代金石文』Ⅰ, 駕洛國史蹟開發研究院

國史編纂委員會, 1995,『韓國古代金石文資料集』Ⅰ, 國史編纂委員會

權悳永, 2002,『韓國古代金石文綜合索引』, 학연문화사

〈논문〉

李道學, 1997,「定林寺址 五層塔 碑銘과 그 작성 배경」『先史와 古代』8, 韓國古代學會

喜田貞吉, 1925「大唐平百濟國碑に關する疑問」『考古學雜誌』15-5

其道者坤元至壟高居忝其用者師律不有命世之材傑其奚
上蘊金聲者不限乎魯門之下矣府君諱常之字恒元百濟生
氏為其家世相承為達率達率之職猶今兵部尚書於本國二
官至達率府君少而雄爽機神敏絕所輕者嗜欲所重者名訓
其里數加之以謹慤重之以溫良由是親族敬之師長憚之率
丘明恥之丘亦恥之誠吾師也過此何足多哉未弱冠以地蔭
其主扶餘隆俱入朝隸為萬年縣王也麟德圈以王望徵折
以切加忠武將軍行帶方州長史尋遷使持節沙泮州諸軍事
私為大端 而子嘉之轉左領軍將軍兼熊津都督府司
者在物朝望 高屬蒲海生氣蘭河有事以府君充洮河道經
力能翹關不以力自處智能禦寇不以智自聞每用晦而明以
長姦慼不害物賞罰有必勸沮無違又五授之大經三軍之元
尚宗每稱其善故以士君子處之也及居西道大著勳庸于時
其節度赤水軍大使尚書劉審禮既以敗沒諸將莫不憂懼府
代敬玄為大使從風聽也府君傍無聲色居絕翫好枕藉經書

生於仁不長姦惑不害物賞罰有必勸沮無違又五校之大經三軍之元吉故士不敢犯其令下
非 高宗每稱其善故以士君子處之也及居西道大著勳庸于時中書令李敬玄爲河源
伇諸軍取其節度赤水軍大使尚書劉審禮既以敗沒諸將莫不憂懼府君獨立高尚之切以濟
武衛將軍代敬玄爲大使從風聽也府君傍無聲色居絶翫好枕藉經書有㳟遵之樽俎懷蘊明
之旌旗胡塵肅清而邊馬肥漢匪昭亮而而狐滅出師有功入凱成歌遷左鷹楊衛大將軍燕然
管垂拱之季 而命將草骨卒祿狂賊也既不覩其微徐敬業逆悪也又不量其力南静淮
頭並有力爲故威聲大振 制曰局度温雅機神爽晤夙踐仁義之途聿蹈廉貞之域言以
潤船屢捴戎麾每申誠効可封燕國公食邑三千户仍改襧右武威衛大將軍神武道經略大使
是董兹哮勇剪彼凶狂胡馬無南牧之期漢使静北遊之望靈夏衛要妖羯是聽君之威聲無以
爲懷遠軍經略大使以遏游氣也屬禍流群悪疊起孤標疑似一章玉石斯混既從下獄爰隔上
領衰同仰藥春秋六十長子俊幼丁家難志雪遺情誓命膚庭投軀漢節頻展誠効屢振功名壁
滯斯 鑒爰下 制曰故左武威衛大將軍檢校左羽林衛上柱國燕國公黑齒常之
侮經駈榮煎捴師律肅宣績効往著飛言爰從詐獄幽憤殞命疑罪不分比加撿察曾無反狀言
深嗟憫宜從雪免燕慰瑩魂增以寵章式光泉壤可贈左玉鈐衛大將軍勳封如故其男游撃將
廣武鎮將上柱國俊自嬰家咎屢効赤誠不避危亡捐軀徇國宜有褒録以申優奬可右豹韜衛
將勳如故㝢以聖曆二年壹月廿二日 勅曰燕國公男俊所請改葬父者贈物一百段其
手力一事以上官供仍令京官六品一重撿校即用其年二月十七日奉遷于邙山南官道北禮
孫峯偉絶材幹之表也懸鏡壷融理會之臺也言宣而意博無枝葉之多敵謀動而事成有本末
夜匪懈心存於事上歳寒不移志在於爲下非君子之所闢懐必不入於思慮非先王之所貽訓
㑹想自推轂軍門建節邊塞善毀者不能加悪工譽者不能增美智者見之謂之智仁者見之謂
推財忘己重義先物雖刎首不顧其利傾身不改其道由是懦夫爲之勇貪夫爲之廉猶權衡之
而定其謬駒駼之絶足而駑駘知其遠至於吏能貞幹之華而雙璧自非鑒賞至倫守默而千金
當世之可効盡狀萃之標準也榮辱必也死生命也苟同於歸何必終於婦人之手矣余嘗在軍
感其道頌其功乃爲銘曰
五岳者不知而台之翠屏也觀四瀆者不晤雲洲之丹崇也恭聞日碑爲漢之㮚亦有里奚爲秦
明哲與衆殊絶所在成寶何往非晰惟公之自東兮如春之揚風兮文物資之以動色聲明佇之

**李宇泰**

서울대학교 사범대학 역사교육과 졸업
서울대학교 문학석사
서울대학교 문학박사
현 서울시립대학교 국사학과 교수

**韓國金石文集成 (3)**

초판 인쇄일 : 2014년 12월 24일
초판 발행일 : 2014년 12월 30일

編　著 : 李宇泰
발행처 : 韓國國學振興院
경북 안동시 도산면 퇴계로 1997
Tel : (054)851-0700　　Fax : (054)851-0729
인쇄처 : (株)圖書出版 書藝文人畵
Tel : (02)732-7096~7　Fax : (02)738-9887
출판등록 제36호
ISBN 978-89-6178-213-5(94010)
89-952930-0-4(세트)

94010
9 788961 782135
ISBN 978-89-6178-213-5

값 25,000원

# 韓國金石文集成 (3)

## 百濟1 百濟 및 百濟關聯 金石文(圖錄篇)

李宇泰 編著

韓國國學振興院
青溟文化財團

# 목 차

## (1) 武寧王 墓誌

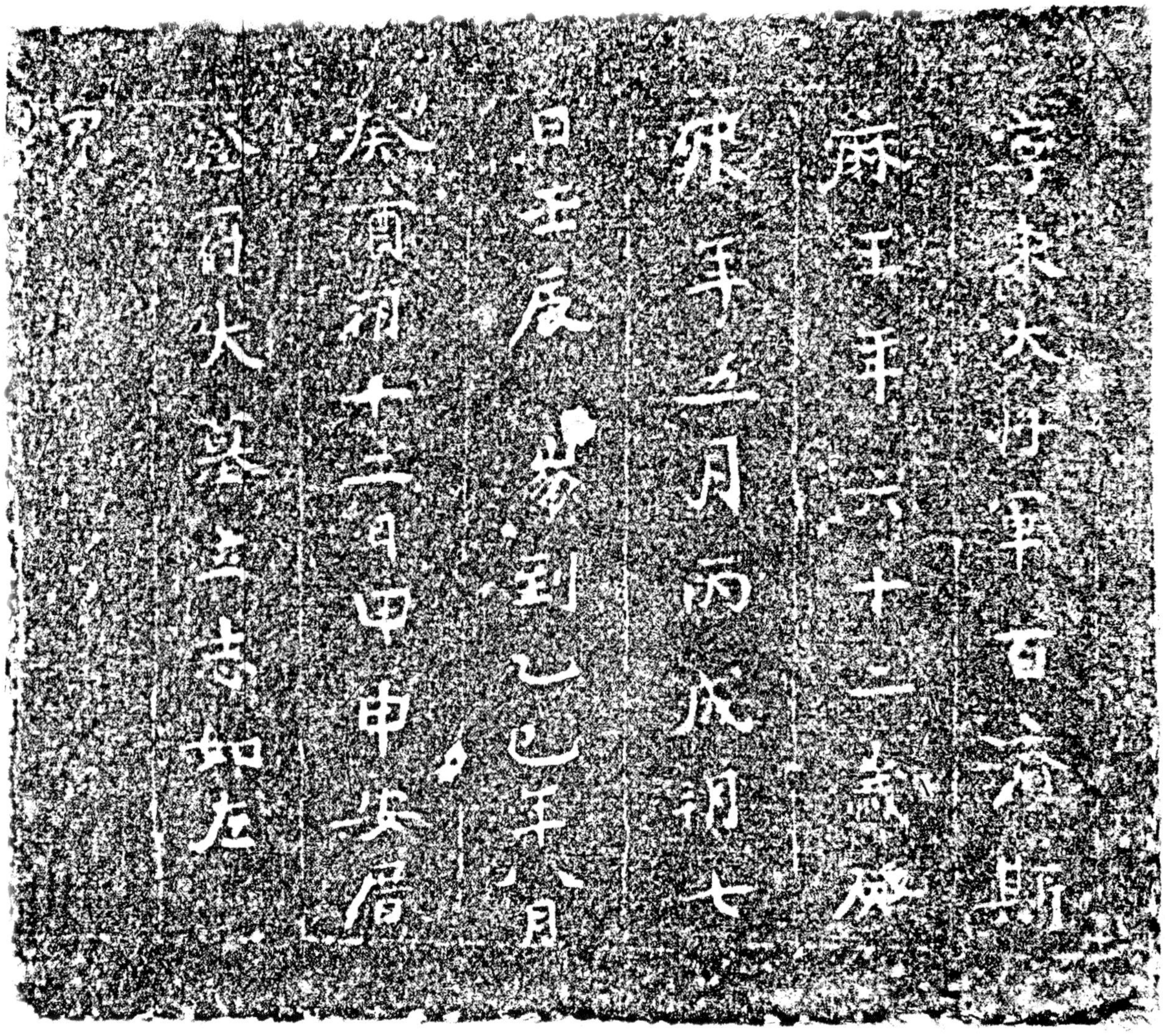
寧東大將軍百濟斯
麻王年六十二歲癸
卯年五月丙戌朔七
日壬辰崩到乙巳年八月
癸酉朔十二日甲申安厝
登冠大墓立志如左

<表 面>

武寧王 墓誌 · 1

日壬辰崩到乙
巳年八月癸酉朔
十二日甲申安厝
登冠大墓立志

武寧王 墓誌 · 2

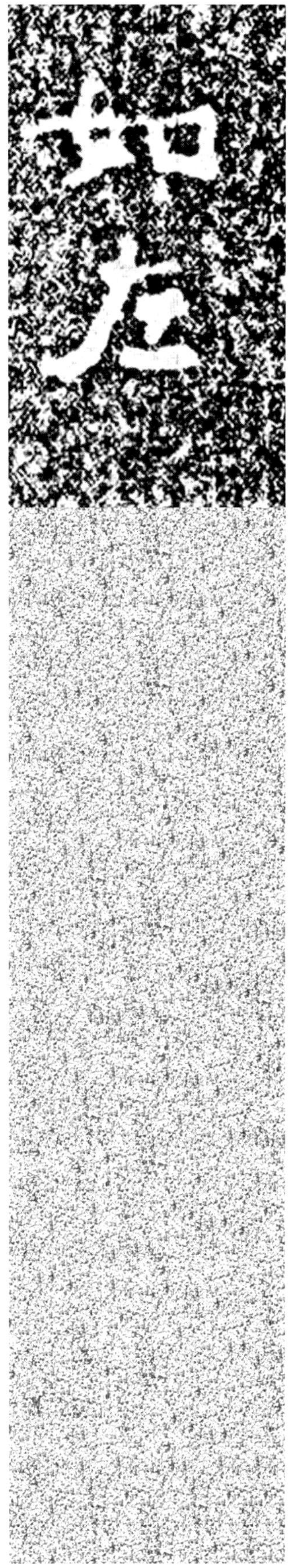


武寧王 墓誌 · 3

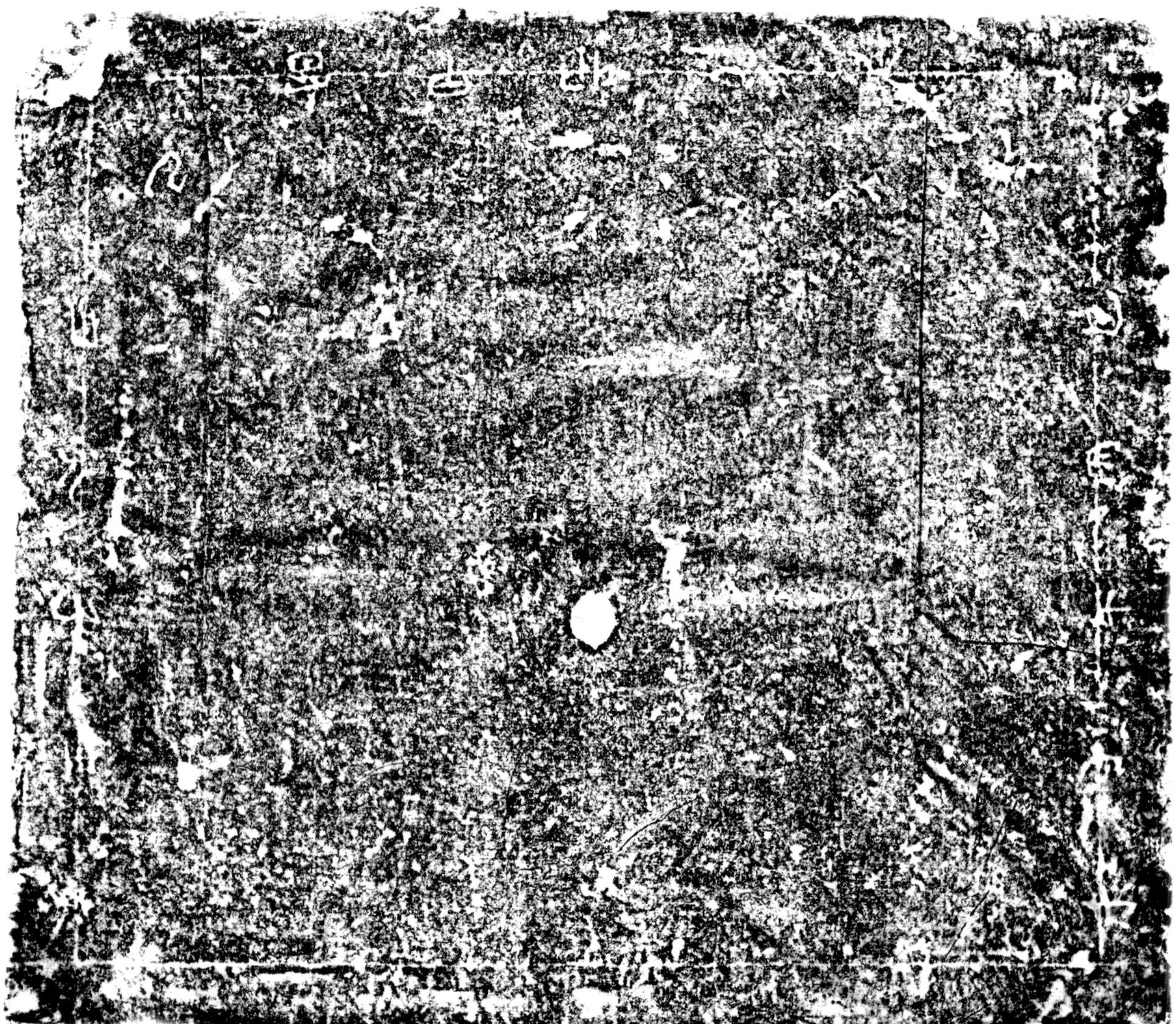

<裏 面>

## (2) 武寧王妃 墓誌

武寧王妃 墓誌 · 1

(3) 武寧王 買地券

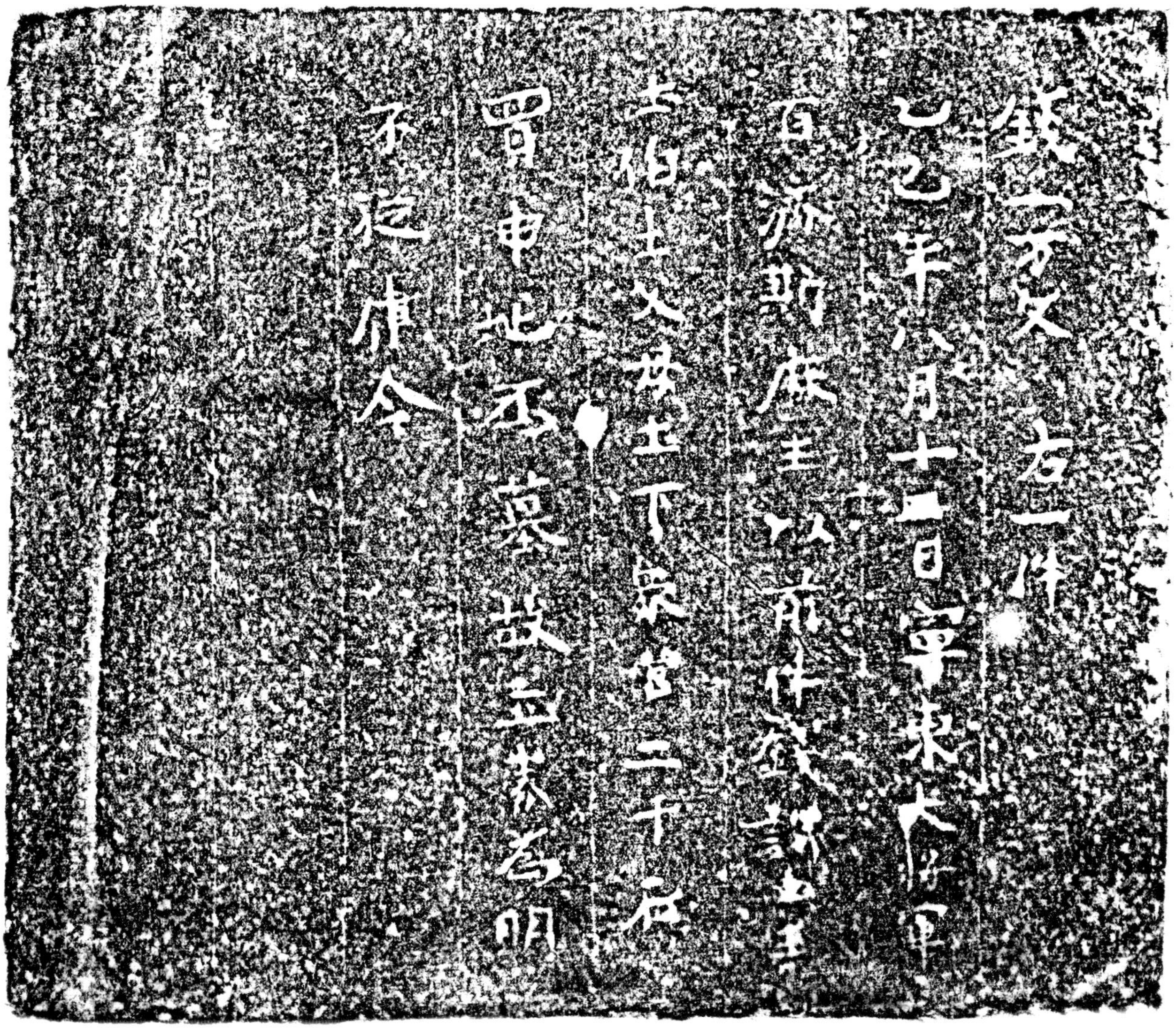
錢一万文 右一件
乙巳年八月十二日 寧東大將軍
百濟斯麻王 以前件錢 訟土王
土伯土父母 上下衆官二千石
買申地爲墓 故立券爲明
不從律令

武寧王 買地券 · 1

武寧王 買地券 · 2

二、武寧王陵出土 銀釧

# 三、武寧王陵出土 銅鏡

原本 크기의 80%

四、砂宅智積碑

甲寅年正月九日奈祇城砂宅智積
慷身日之易往慨體月之難還穿金
以建珍堂鑿玉以立寶塔巍巍慈容
吐神光以送雲峨峨悲貌含聖明以

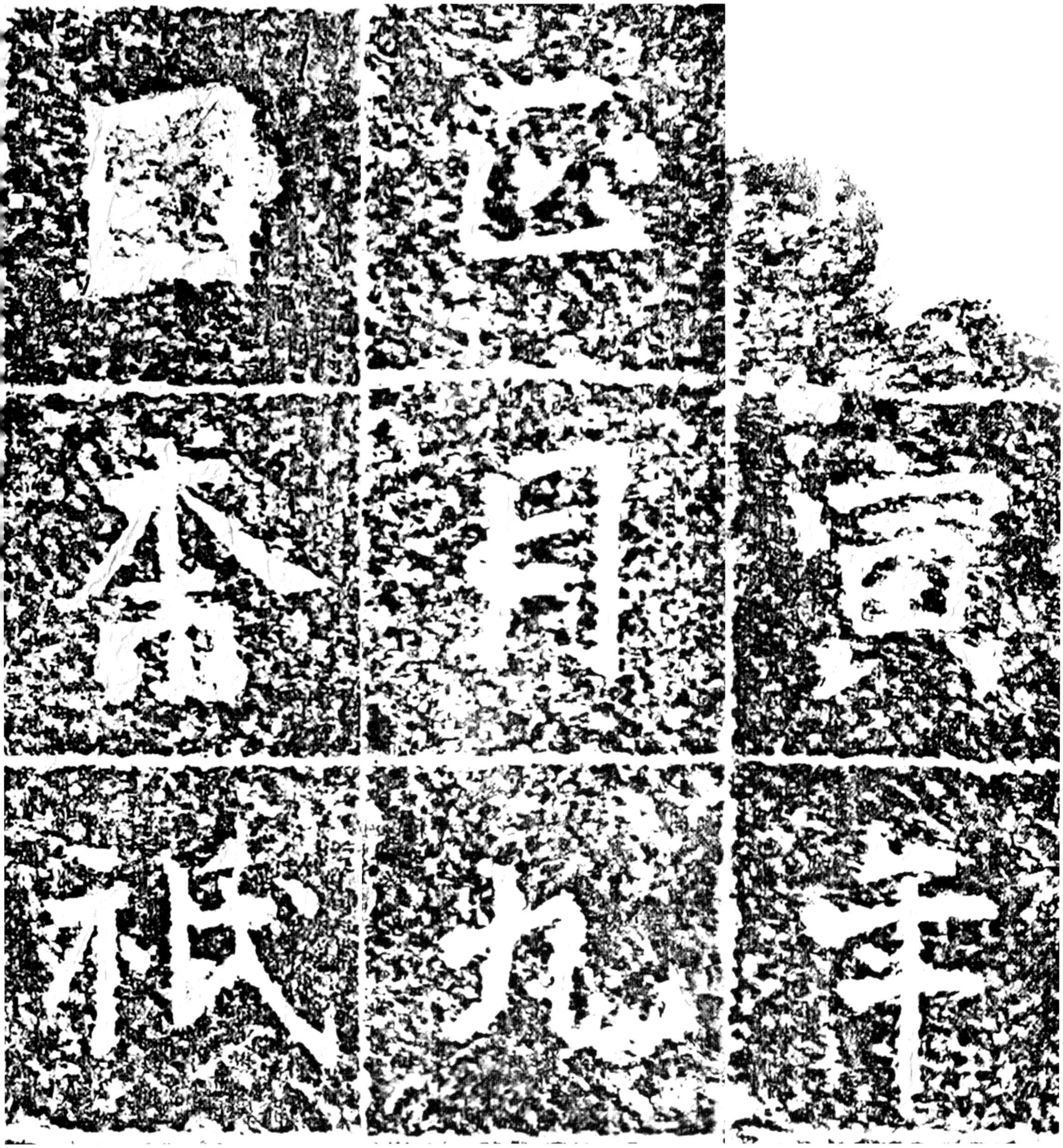

砂宅智積碑·1

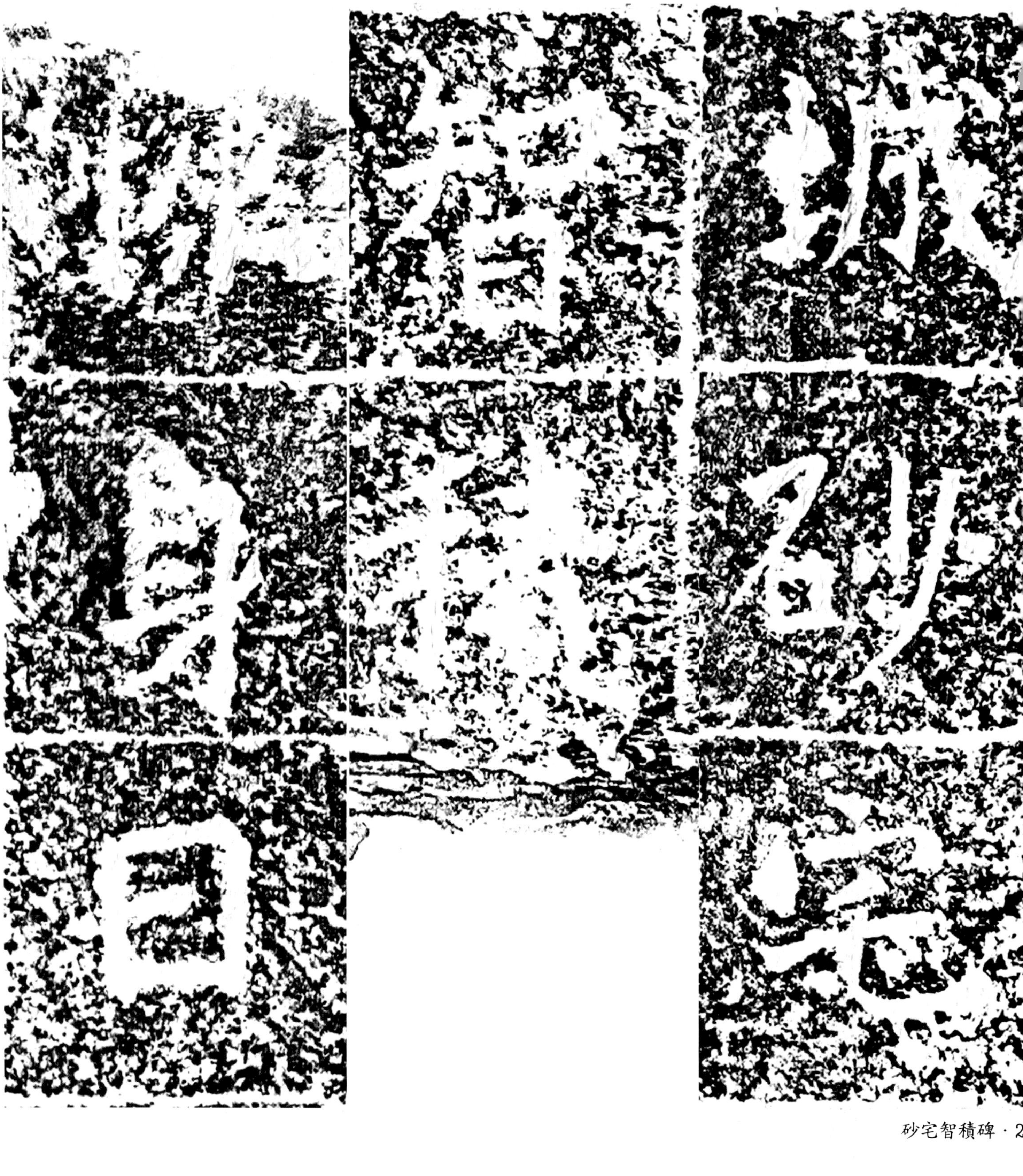

砂宅智積碑 · 2

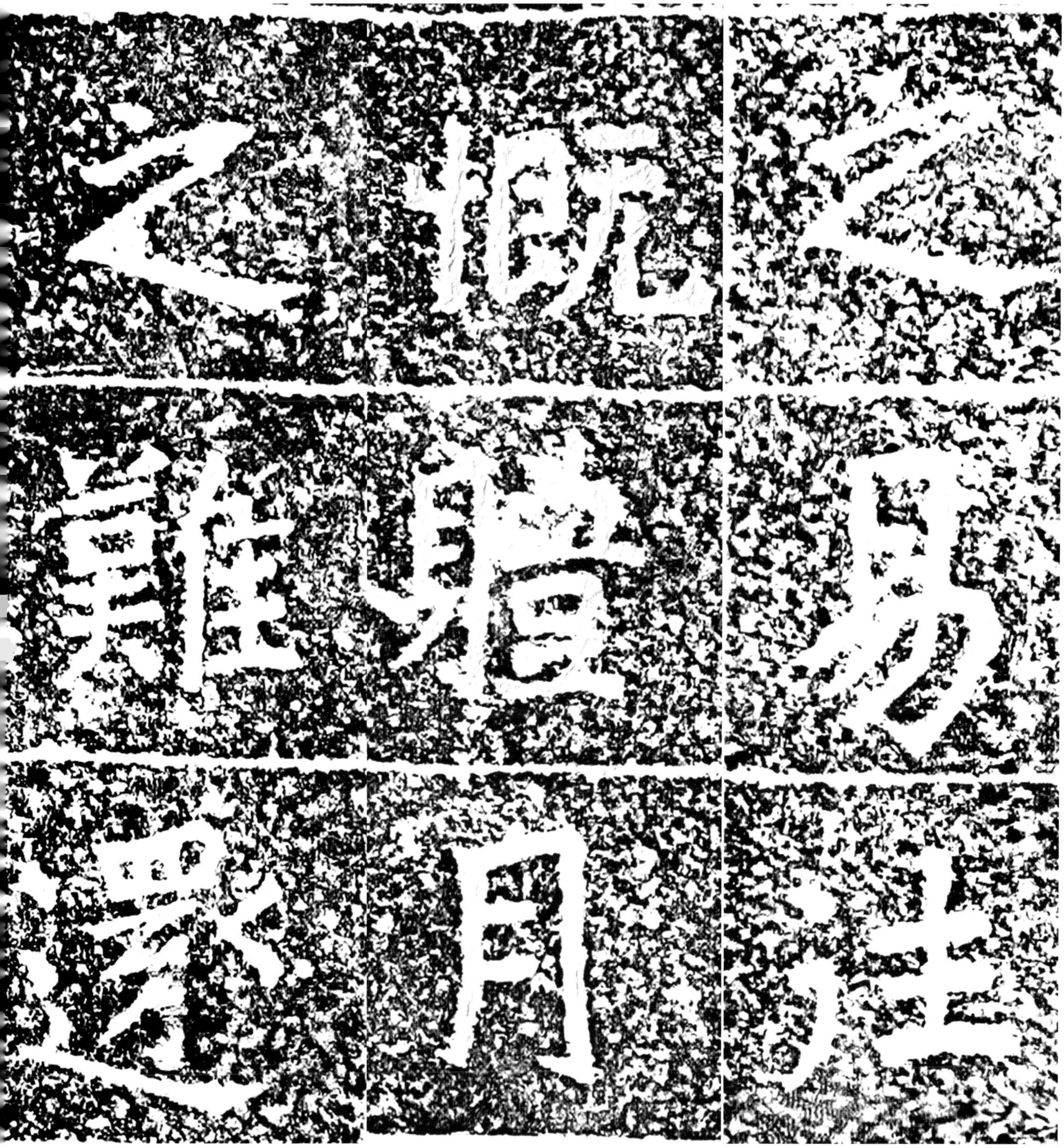

砂宅智積碑 · 3

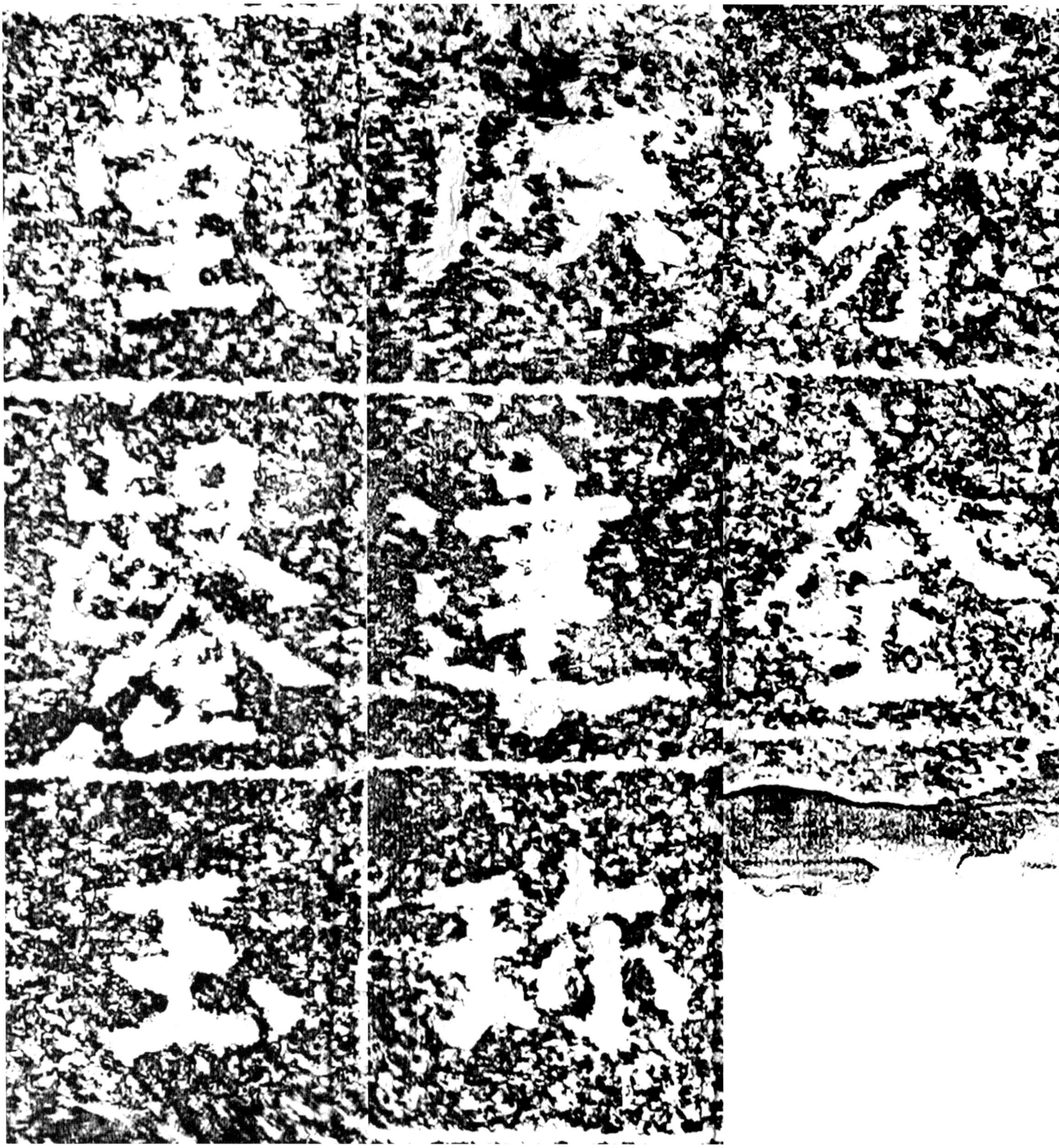

砂宅智積碑 · 4

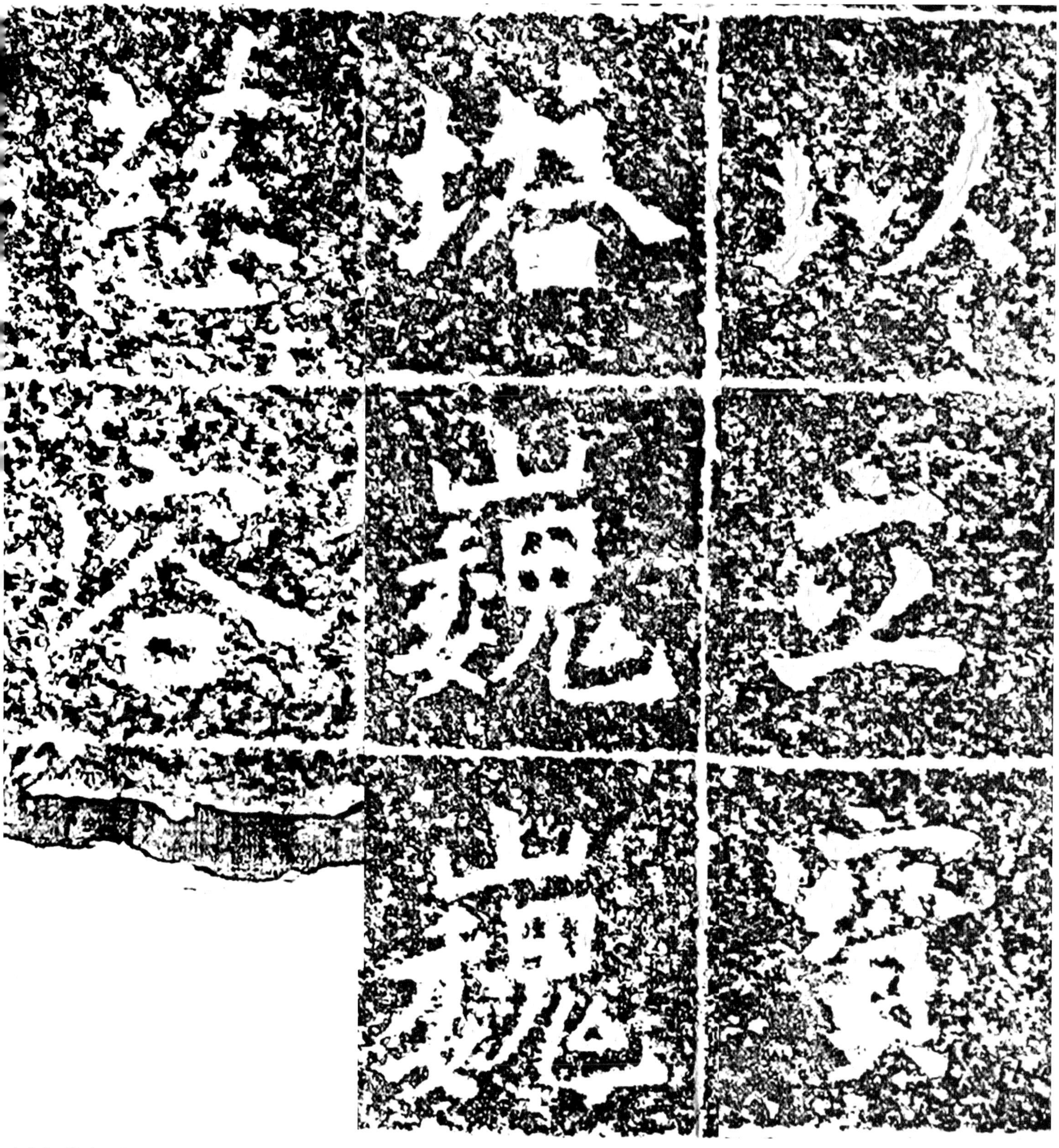

砂宅智積碑 · 5

砂宅智積碑 · 6

砂宅智積碑 · 7

五、扶餘陵山里寺址 石造舍利龕

昌王13年銘 石造舍利龕 · 1

昌王13年銘 石造舍利龕·2

昌王13年銘 石造舍利龕 · 3

六、彌勒寺址石塔 金銅舍利奉安記

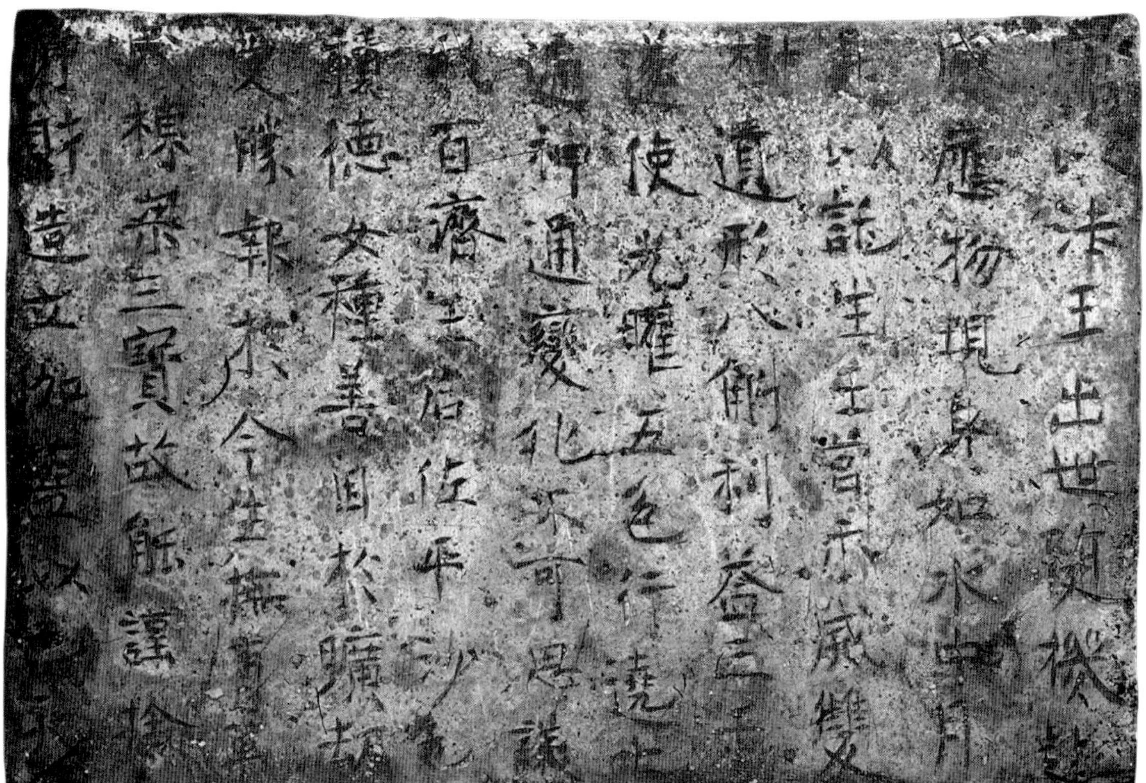

彌勒寺址石塔 金銅舍利奉安記 · 1

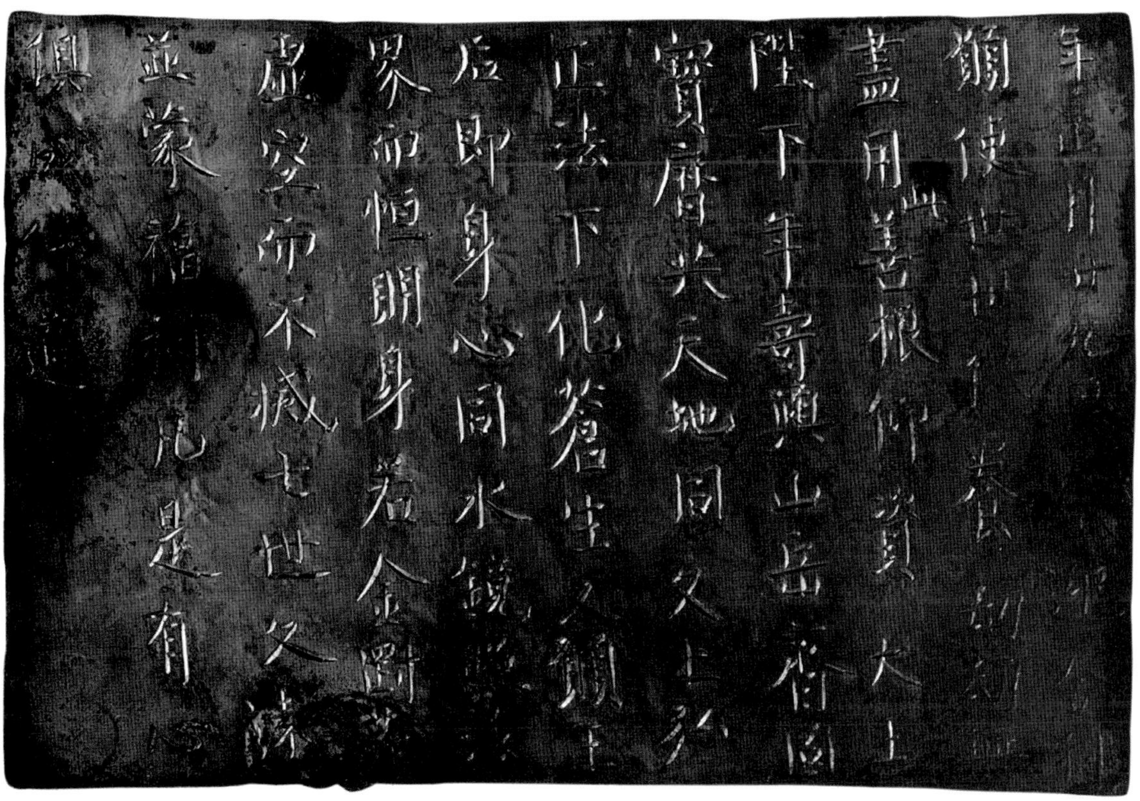

彌勒寺址石塔 金銅舍利奉安記 · 2

# 七、扶餘隆 墓誌

扶餘隆 墓誌 · 1

扶餘隆 墓誌 · 2

扶餘隆 墓誌 · 3

江去後犬[illegible]出革先迷之失
款誠押至寔賞[illegible]加寵在列
[illegible]榮貴蕃國而馬韓餘燼狼
心不悛鴟張遼海之濱蟻結
丸山之域[illegible]皇赫斯怒
天兵耀威上將擁旄中權奉

扶餘隆 墓誌 · 4

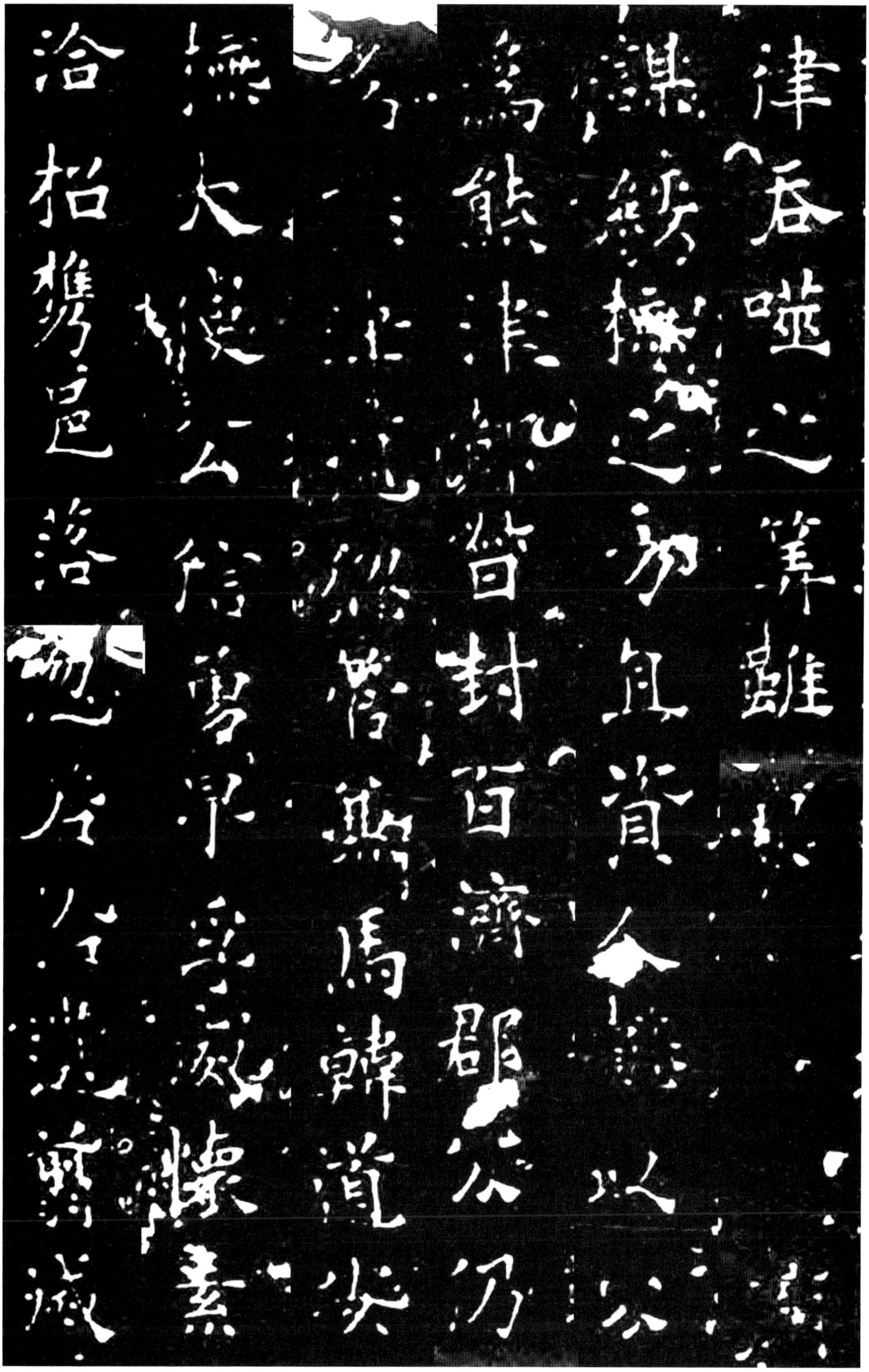

扶餘隆 墓誌 · 5

扶餘隆 墓誌 · 6

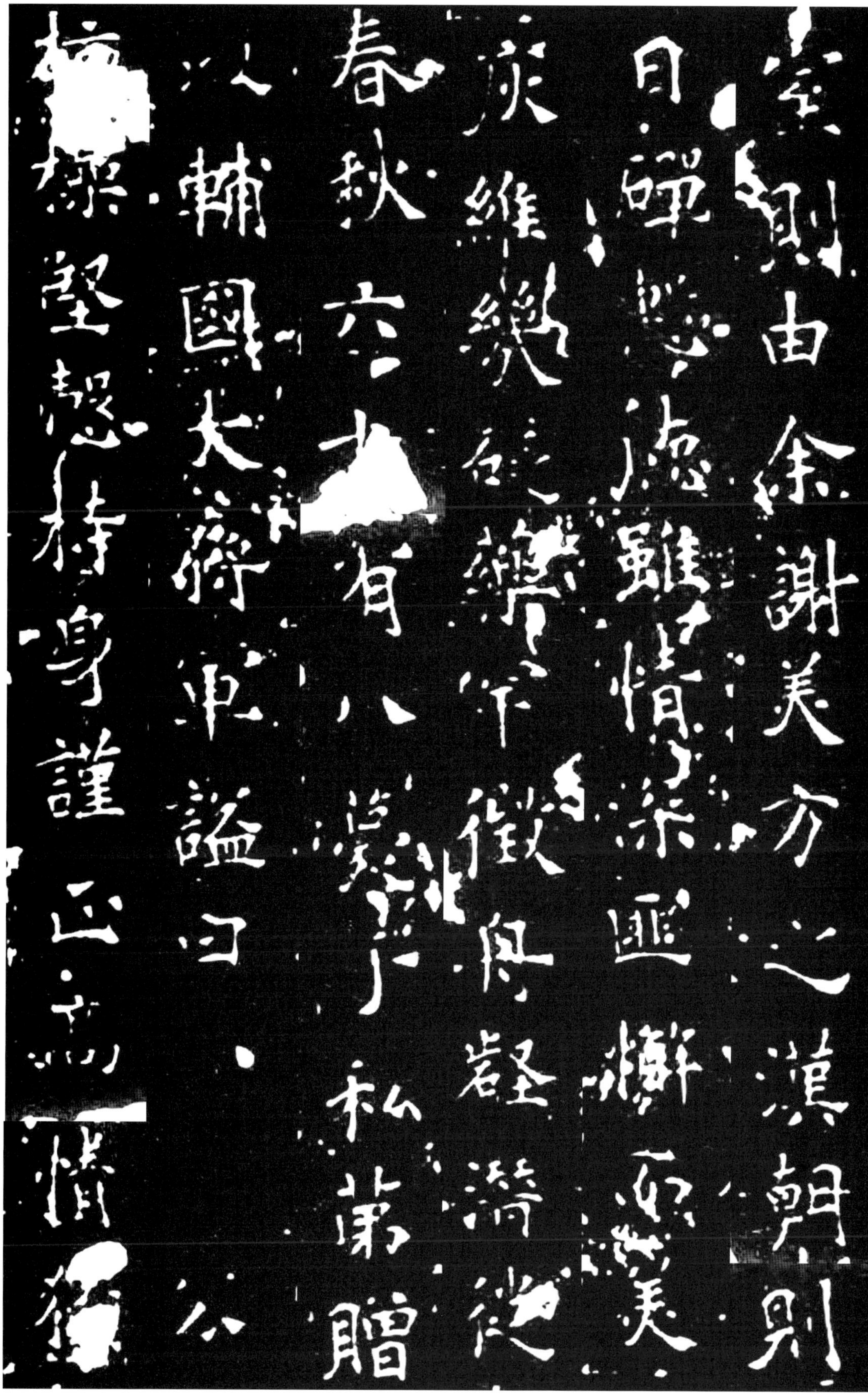

扶餘隆 墓誌 · 7

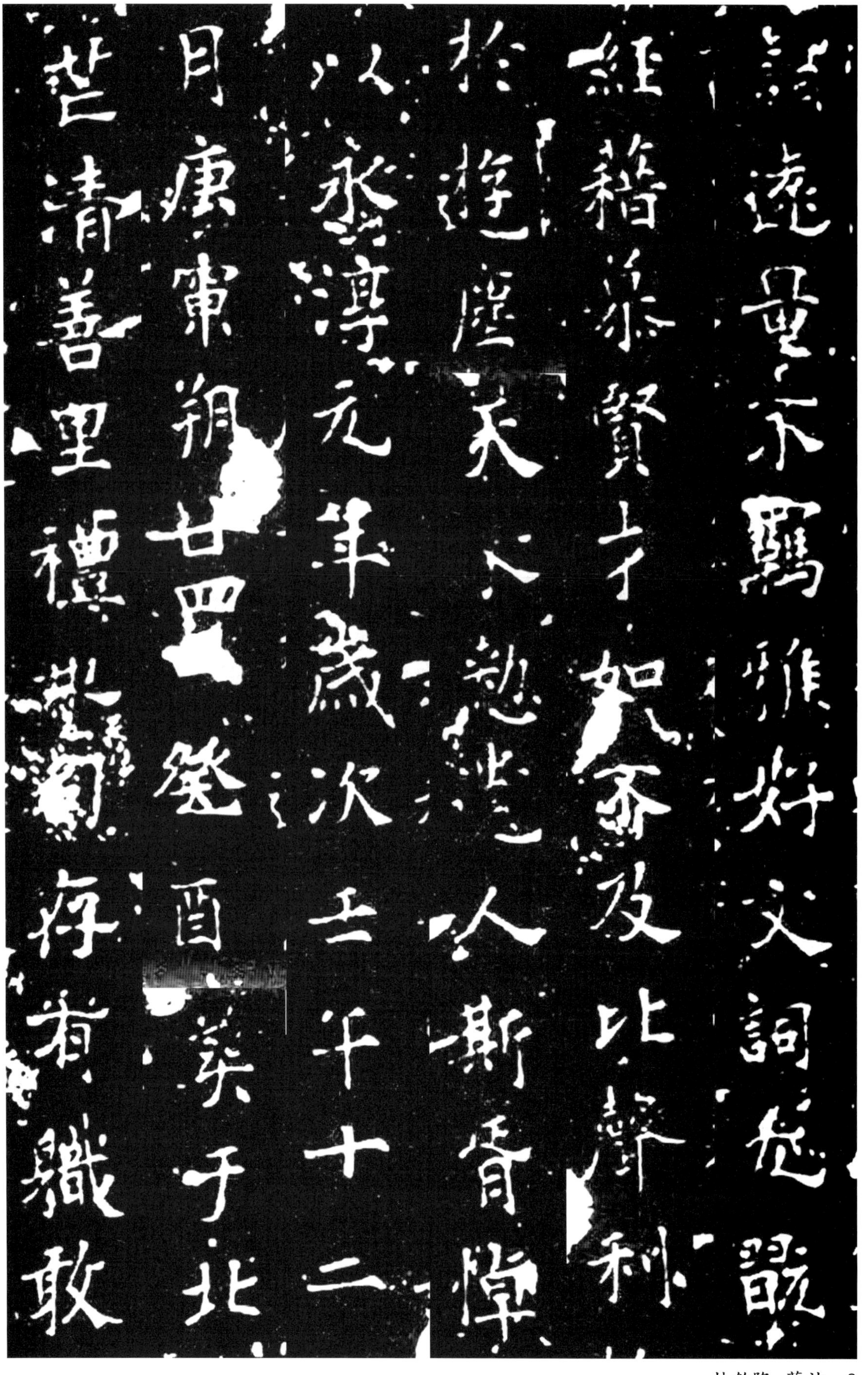

扶餘隆 墓誌 · 8

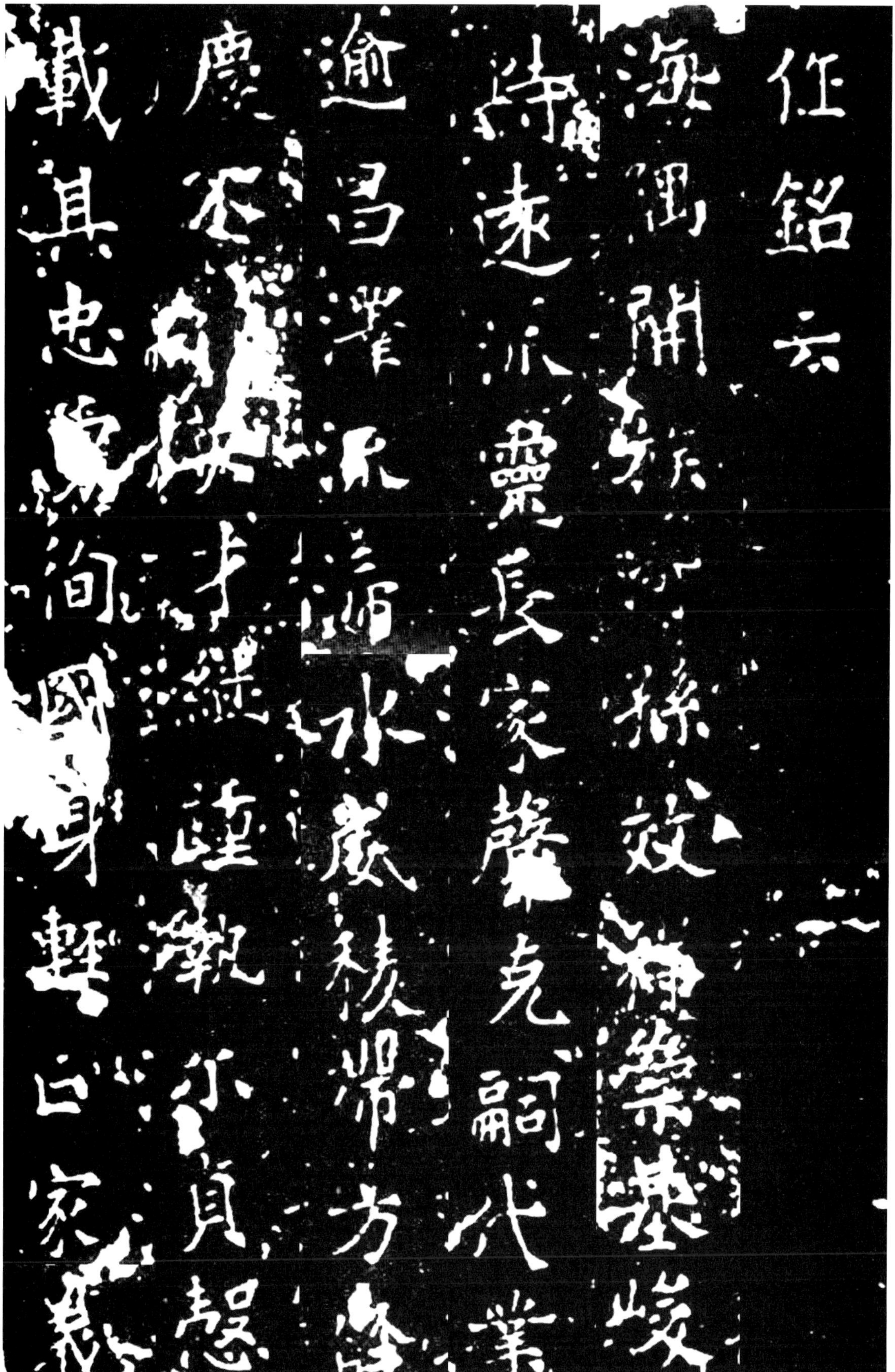

扶餘隆 墓誌 · 9

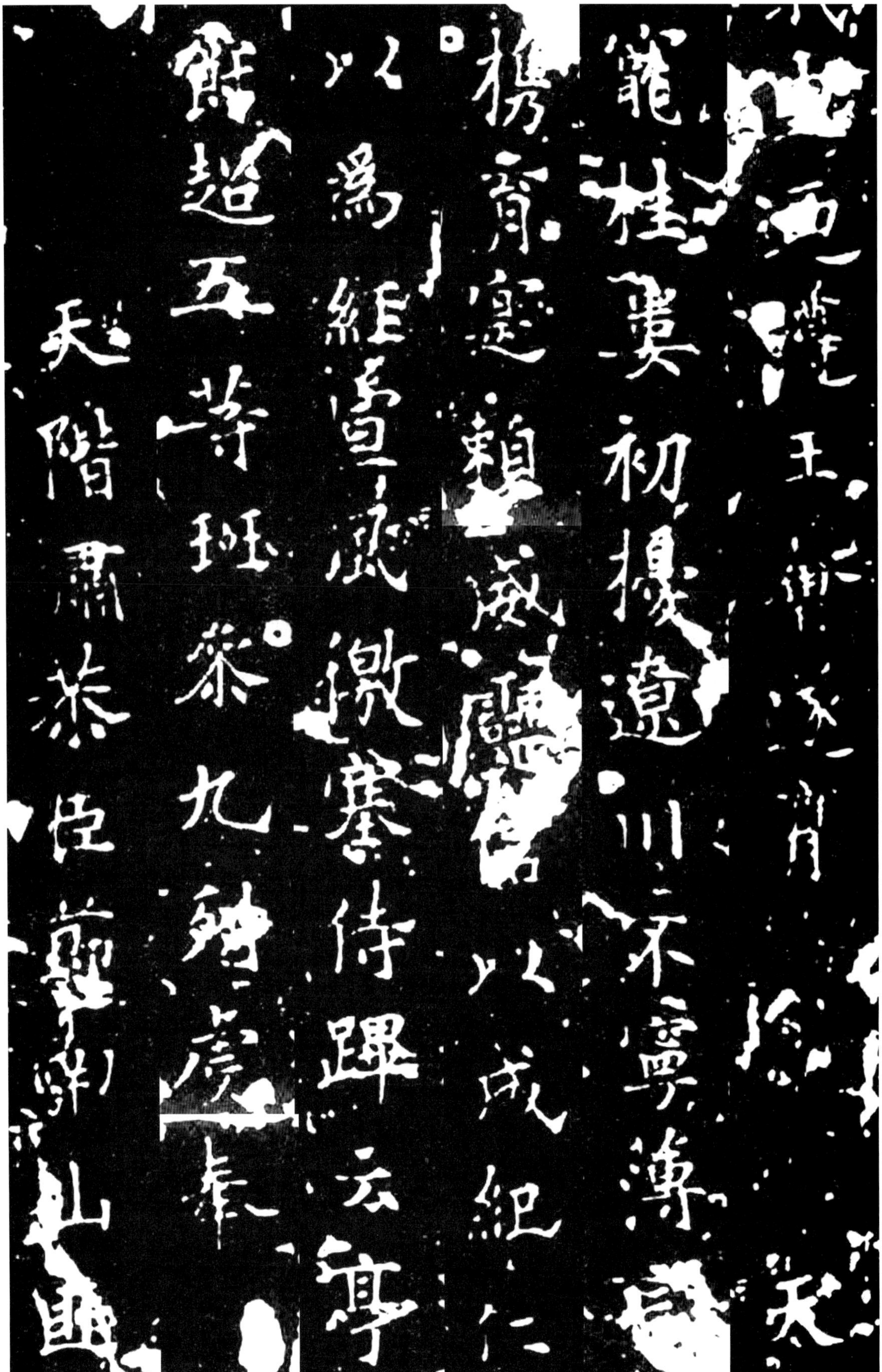
[illegible]河[illegible]王[illegible]於[illegible]天
寵桂婁初擾遼川不寧薄言
攜貳寔賴威靈以成紀仁
以為紐會威徵塞侍躍云亭
解超五等班參九列虔奉
天階肅恭位[illegible]山興

扶餘隆 墓誌 · 10

扶餘隆 墓誌 · 11

# 八、黑齒常之 墓誌

遊乎蜜山之上蘊金聲者不限乎魯門之下矣府君諱常之字恒元百濟人也其先出自扶餘氏封
子孫因以為氏焉其家世相承為達率達率之職猶今兵部尚書於本國二品官也曾祖諱文大祖
考諱沙次並官至達率府君少而雄爽機神敏絕所輕者嗜欲所重者名訓 府深沉不見其涯
闊達遠不求其里數加之以謹慤重之以溫良由是親族敬之師長憚之年甫小學即讀春秋左氏
馬而史歎曰丘明恥之丘亦恥之誠吾師也過此何足多哉未弱冠以地籍授達率唐顯慶中遣邢
方平其國與其主扶餘隆俱入朝隸為萬年縣人也麟德初以人望授折衝都尉鎮熊津城大為
悅咸亨三年以功加忠武將軍行帶方州長史尋遷使持節沙泮州諸軍事沙泮州刺史授上柱國
為已任以忠私為大端 而子嘉之轉左領軍將軍兼熊津都督府司馬加封浮陽郡開國公
千戶于時德音在物朝望日高屬蒲海生氛蘭河有事以府君充洮河道經略副使實有寄焉府君
毅資性明達力能翹關不以力自處智能禦寇不以智自聞每用晦而明以蒙養正故其時行山立
為至於仁不長姦威不害物賞罰有必歡沮無違又五校之大經三軍之元吉故士不敢犯其令下
其非 高宗每稱其善故以士君子處之也及居西道大者勳庸于時中書令李敬玄為河源
大使諸軍取其節度赤水軍大使尚書劉審禮既以敗沒諸將莫不憂懼府君獨立高崗之功以濟
左武衛將軍代敬玄為大使從風聽也府君傍無聲色居絕翫好枕藉經書有參遵之樽俎懷蘊明
預之旌旗胡塵肅清而邊馬肥漢月昭亮而而狐滅出師有[illegible]入凱成歌遷左鷹揚衛大將軍燕然
揔管垂拱之季 而命將草骨卒祿狂賊也既不覩其微徐敬業逆惡也又不量其力南靜淮
旌頭並有力焉故威聲大振 制曰局度溫雅機神爽晤風踐仁義之途聿蹈廉貞之域言以
以潤躬屢揔戎麾每申誠効可封燕國公食邑三千戶仍改授右武威衛大將軍神武道經略大使
於是董茲驍勇剪彼凶狂胡馬無南牧之期漢使靜北遊之望靈夏衛要妖羯是瞻君之威聲無以
轉為懷遠軍經略大使以遏游氛也屬禍流群惡疊起狐標疑似一章玉石斯混既從下獄爰隔上
絕頒哀同仰樂春秋六十長子俊幼丁家難志雪遺憤誓命膚庭投軀漢節頻展誠効屢振功名壘
冤滯斯 鑒爰下 制曰故左武威衛大將軍檢校左羽林衛上柱國燕國公黑齒常之
俻經駈榮慈揔師律肅宣績効往遘飛言爰從訐獄幽憤殞命疑罪不分比加檢察曾無反狀言
良深嗟憫宜從雪免庶慰塋魂增以寵章式光泉壤可贈左玉鈐衛大將軍勳封如故其男游擊將
州廣武鎮將上柱國俊自嬰家咎屢効赤誠不避危亡捐軀徇國宜有褒錄以申優獎可右豹韜衛
郎將勳如故無以聖曆二年壹月廿二日 敕曰燕國公男俊所請改葬父者贈物一百段其
幕手力一事以上官供仍令京官六品一人檢校即用其年二月十七日奉遷于邙山南官道北禮
君孫峯偉絕材幹之表也懸鏡靈鑒理繪之臺也言宜而意博無枚幕之多獻謀動而事成有本末
夙夜匪懈心存於事上歲寒不移志在於為下非君子之所關懷必不入於思慮非先王之所貽訓
於[illegible]揔自推轂軍門建節邊塞善毀者不能加惡工譽者不能增美智者見之謂之智仁者見之謂
於推財忘己重義先物雖刎首不顧其利傾身不改其道由是懦夫為之勇貪夫為之廉猶權衡之
斤而定其詠駒駼之絕足而驚駘知其遠至於吏能貞幹之華而雙璧自非鑒賞生倫守默而千金
非當世之可効盡狀舉之標準也榮辱必也死生命也苟同於歸何必終於婦人之手矣余嘗在軍
府感其道頌其功乃為銘曰
誌五岳者不知而台之翠屏也觀四瀆者不睹雲洲之丹崇也恭聞日磾為漢之韓亦有里奚為秦
云明哲與衆殊絕所在成寶何往非晰惟公之自東于如春之揚風于文物資之以動色聲明佇之
于悠悠旌旆肅肅軒蓋轉鳴鍾鼓鳴鞘云誰之榮伊我德聲四郊無戎馬之患千里捍公侯之城勳
矣忠義既顯其物有恩乎貞剛行有高而則傷中峯落其仞幽壞淪其光而下為之痛海內哀其良
而鑒斯孔哀以存亡余實感慕為之頌章寄言不朽風聽無疆

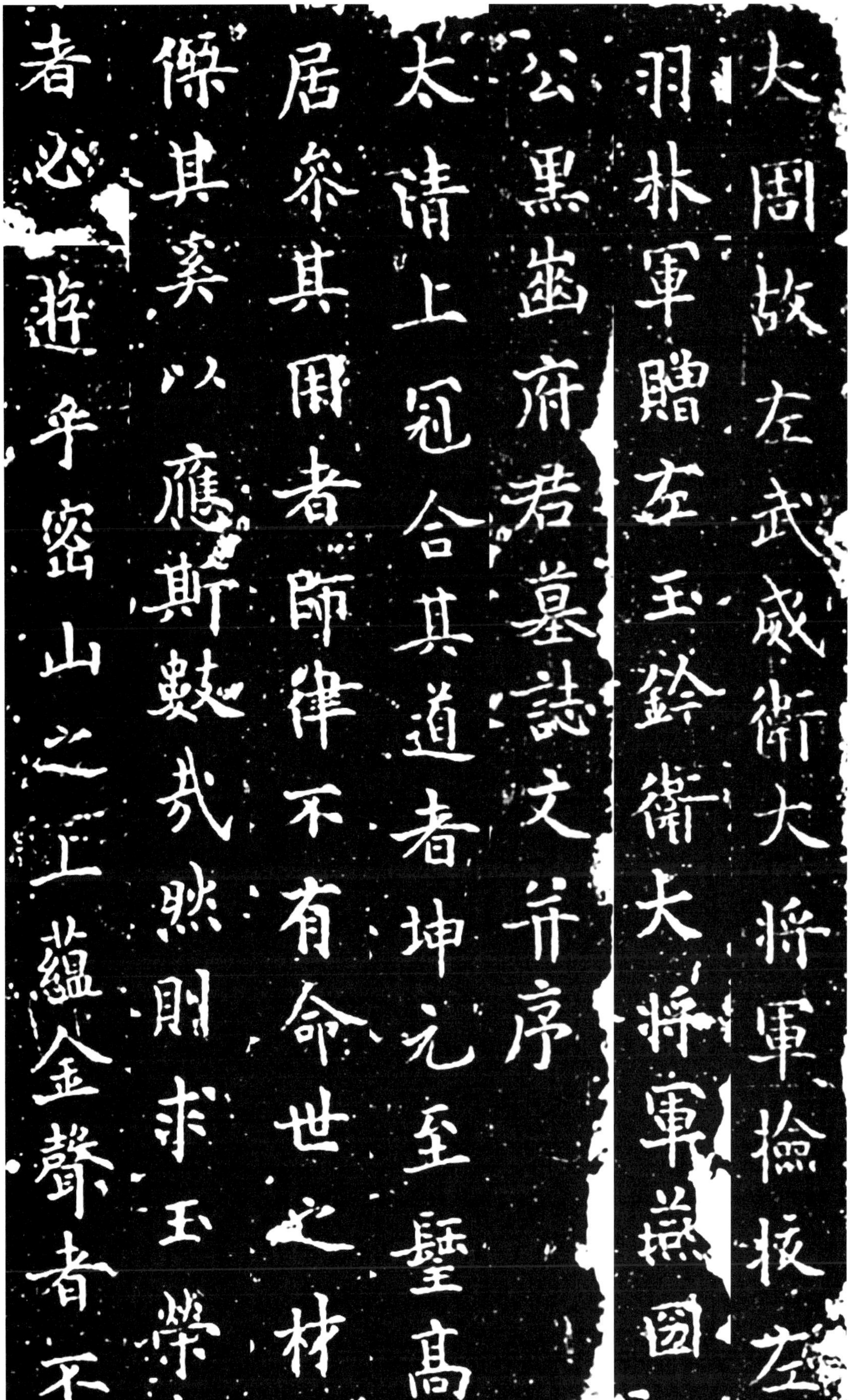

大周故左武威衛大將軍檢校左
羽林軍贈左玉鈐衛大將軍燕國
公黑齒府君墓誌文并序
太清上冠合其道者坤元至壁高
居參其用者師律不有命世之材
傑其奚以應斯數哉然則求玉榮
者必遊乎密山之上蘊金聲者不

黑齒常之 墓誌·1

限乎魯門之下矣府君諱常之字
恒元百濟𤯔也其先出自扶餘氏
封於黑齒子孫因以為氏焉其家
世相承為達率達率之職猶今兵
部尚書於本圀二品官也曾祖諱
文大祖諱德顯考諱沙次並官至
達率府君少而雄爽機神敏絕所

黑齒常之 墓誌·2

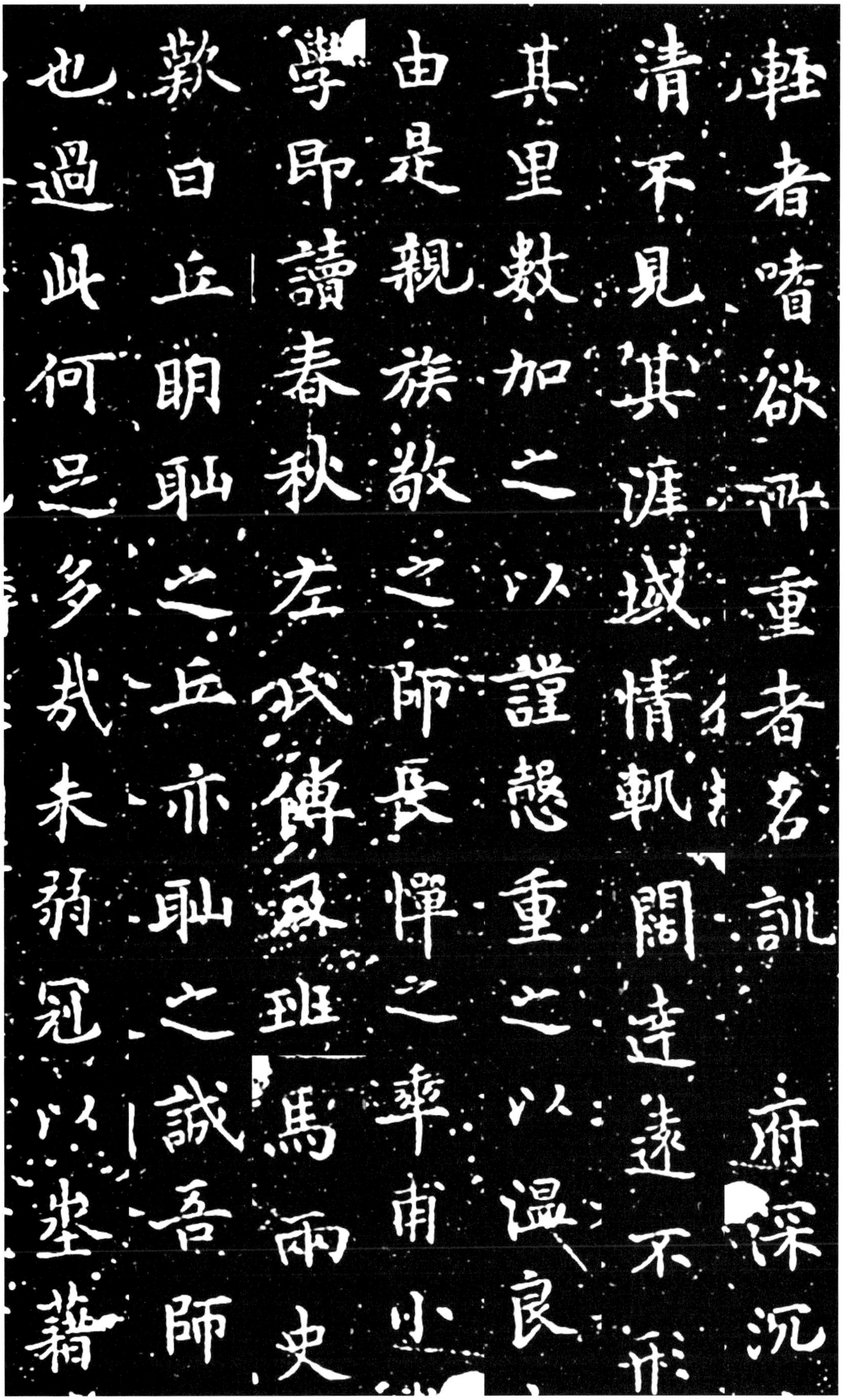
輕者嗜欲所重者名訓 府深沉
清不見其涯域情軌闊達遠不形
其里數加之以謹慤重之以溫良
由是親族敬之師長憚之年甫小
學即讀春秋左氏傳及班馬兩史
歎曰丘明恥之丘亦恥之誠吾師
也過此何足多哉未弱冠以地籍

黑齒常之 墓誌 · 3

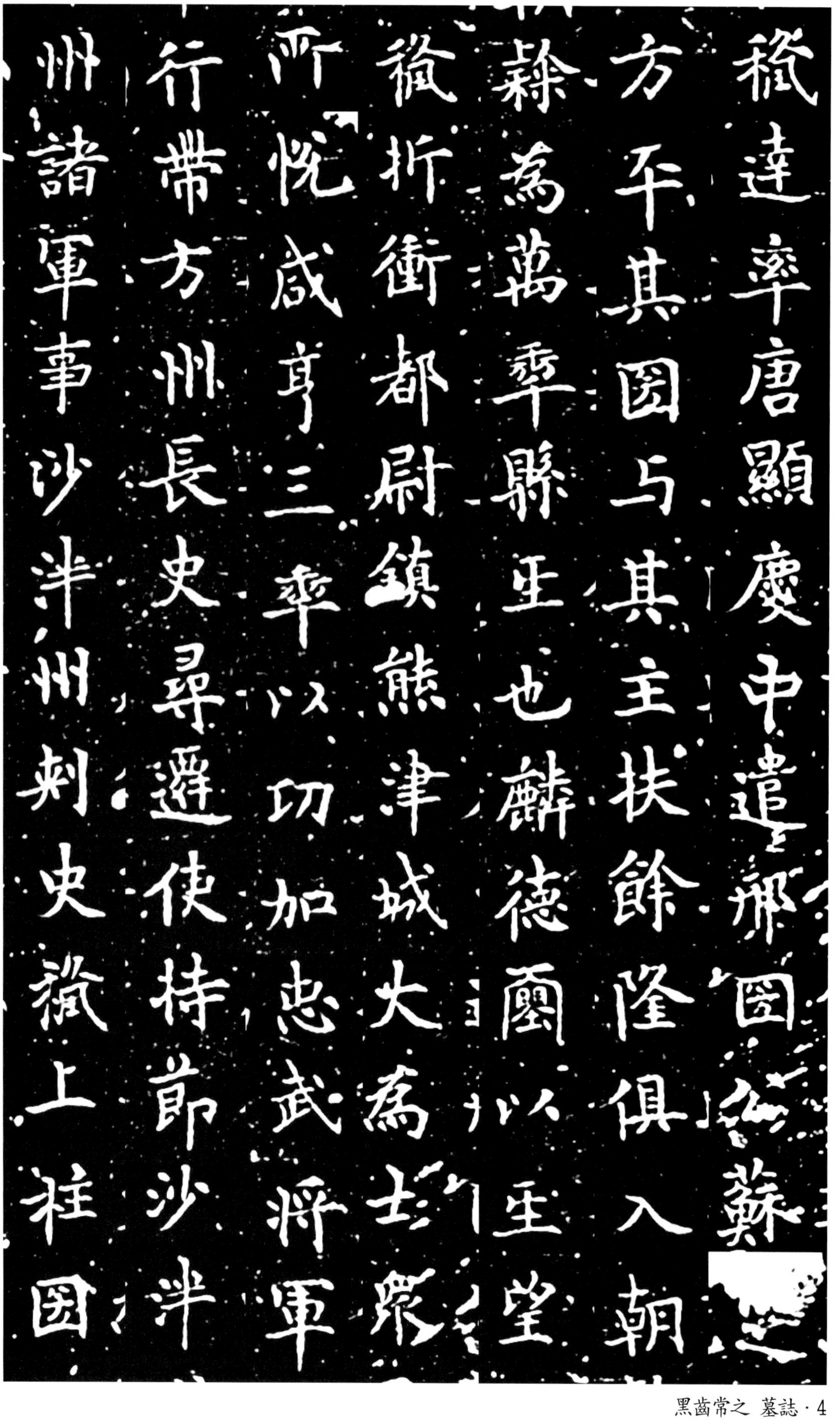
授達率唐顯慶中遣邢國公蘇
方平其國與其主扶餘隆俱入朝
隸為萬年縣人也麟德初以人望
授折衝都尉鎮熊津城大為士衆
所悅咸亨三年以功加忠武將軍
行帶方州長史尋遷使持節沙泮
州諸軍事沙泮州刺史授上柱國

黑齒常之 墓誌 · 4

以至公為已任以忘私為大端
天子嘉之轉左領軍將軍兼
熊津都督府司馬加封浮陽郡開
國公食邑二千戶于時德音在物
朝望已高屬蒲海生氛蘭河有事
以府君充洮河道經略副使實有
寄為府君稟質英毅資性明達力

黑齒常之 墓誌 · 5

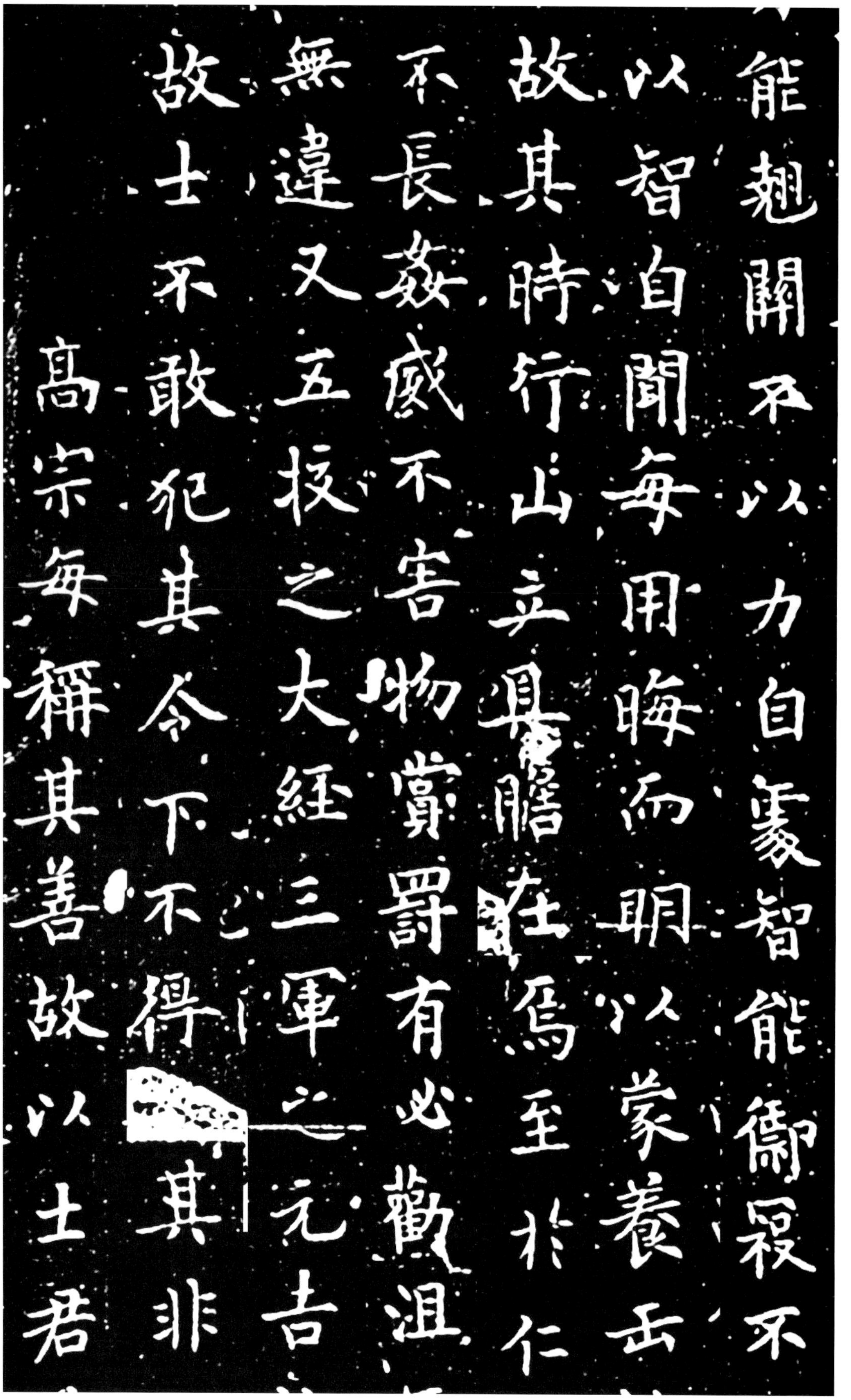
能翹關不以力自豪智能御寇不
以智自聞每用晦而明以蒙養正
故其時行山立具瞻在爲至於仁
不長姦威不害物賞罰有必勸沮
無違又五校之大經三軍之元吉
故士不敢犯其令下不得□其非
高宗每稱其善故以士君

黑齒常之 墓誌·6

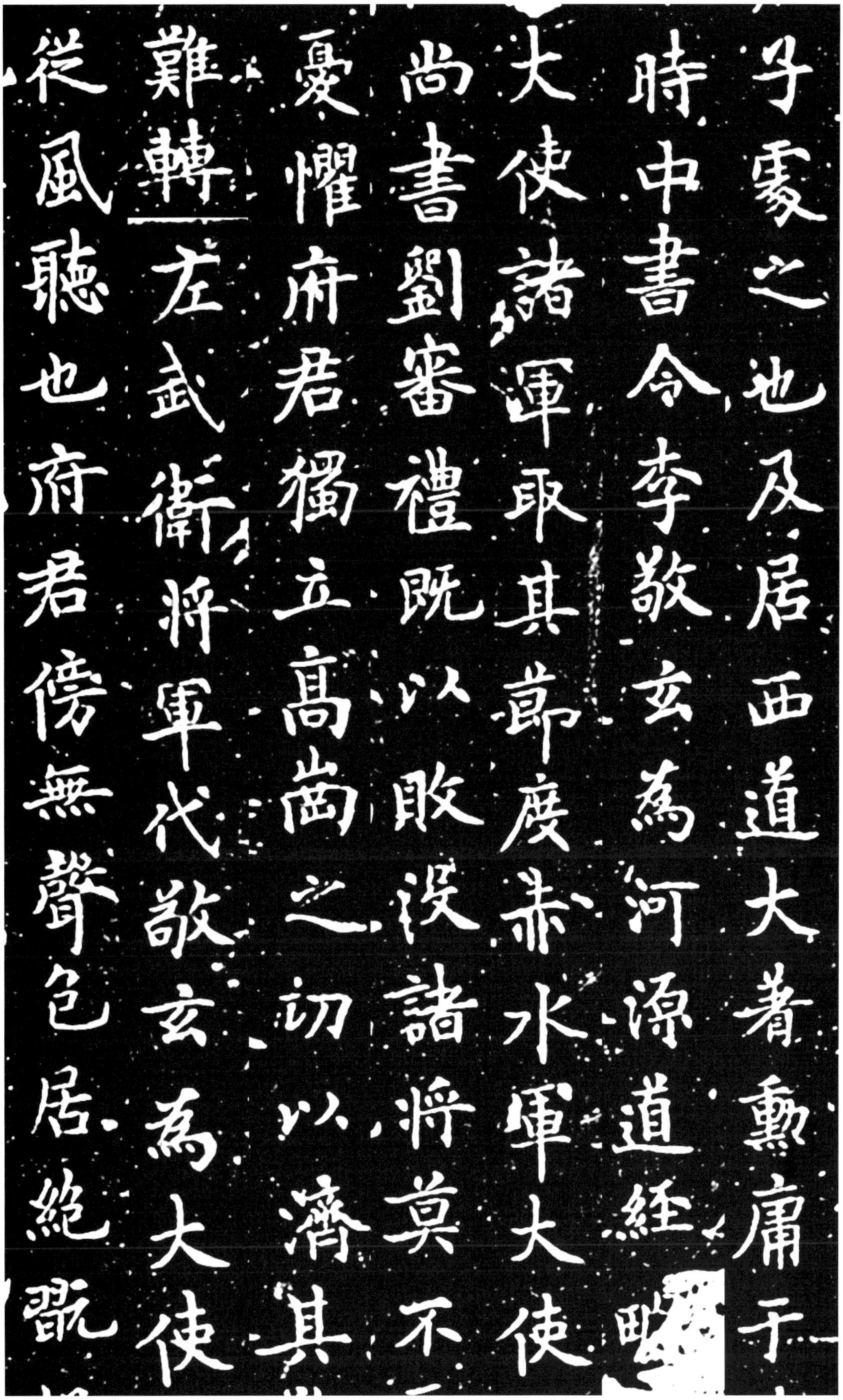

子夏之地及居西道大着勳庸于
時中書令李敬玄為河源道經略
大使諸軍取其節度赤水軍大使
尚書劉審禮既以敗沒諸將莫不
憂懼府君獨立高崗之功以濟其
難轉左武衛將軍代敬玄為大使
從風聽也府君傍無聲色居絶翫

黑齒常之 墓誌 · 7

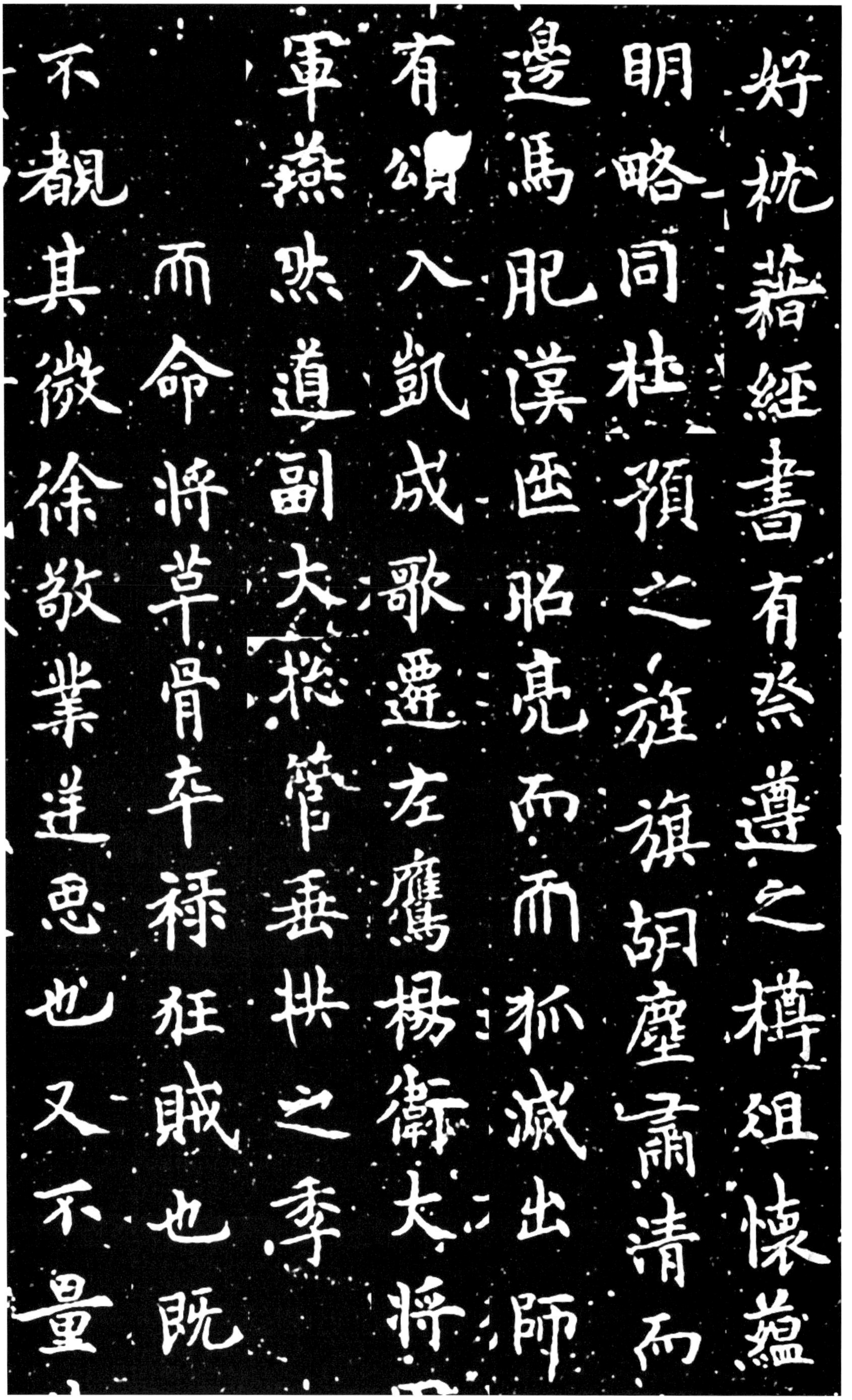

好枕藉經書有懸遵之樽俎懷蘊
明略同杜預之旌旗胡塵肅清而
邊馬肥漢匝昭亮而而狐滅出師
有頌入凱成歌遷左鷹揚衛大將軍
軍燕然道副大總管垂拱之季
而命將草骨卒祿狂賊也既
不覩其微徐敬業逆思也又不量

黑齒常之 墓誌·8

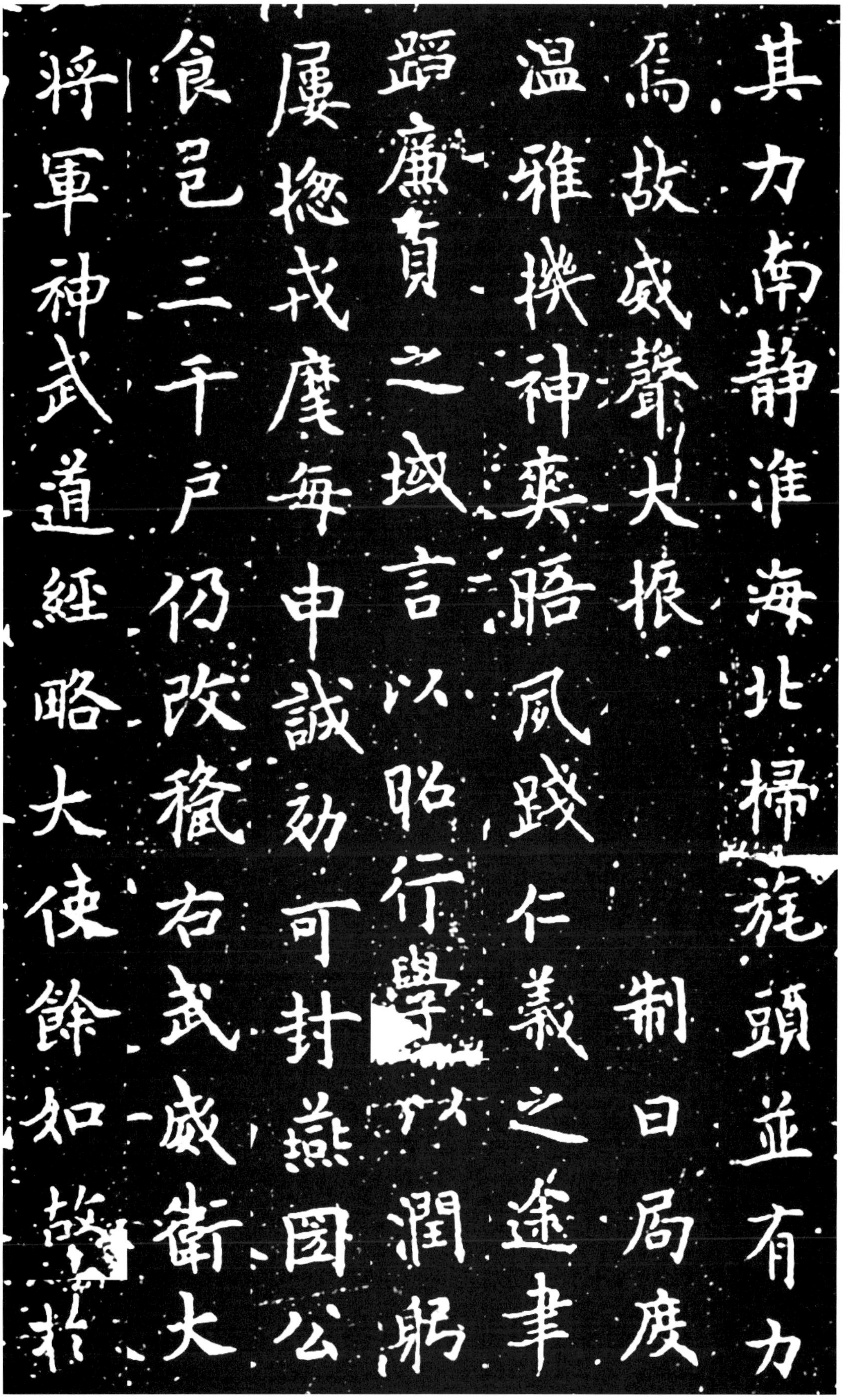

其力南静淮海北掃旄頭並有力
爲故威聲大振 制曰局度
温雅機神爽晤夙踐仁義之途聿
蹈廉貞之域言以昭行學以潤躬
屢摠戎麾每申誠効可封燕國公
食邑三千戶仍改稱右武威衛大
将軍神武道經略大使餘如故於

黑齒常之 墓誌 · 9

是董茲孝勇剪彼凶狂胡馬無南
牧之期漢使靜北遊之望靈夏衡
要妖羯是膽君之威聲無以為代
又轉為懷遠軍經略大使以遏游
氣也屬禍流群惡疊起孤標穎似
一章玉石斯混既從下獄爰隔上
寫義等絶傾哀同仰欒春秋六十

黑齒常之 墓誌·10

長子俊幼丁家難志雪遺情誓命
虜庭投軀漢節頻展誠効屢振切
名聖曆元冤滯斯鑒爰
下制曰故左武威衛大將
軍檢校左羽林衛上柱國燕國公
黑齒常之早襲倫經駈紫燕
揔師律肅宣績効往遘飛言爰從

黑齒常之 墓誌 · 11

許獄幽憤殞命疑罪不分比加撿
察曹無反狀言念非辜良深嗟憫
宜從雪免庶慰塋魂增以寵章式
光泉壤可贈左玉鈐衛大將軍勳
封如故其男遊擊將軍行蘭州廣
武鎮將上柱國俊自嬰家咎屢効
赤誠不避危亡捐軀徇國宜有褒

黑齒常之 墓誌 · 12

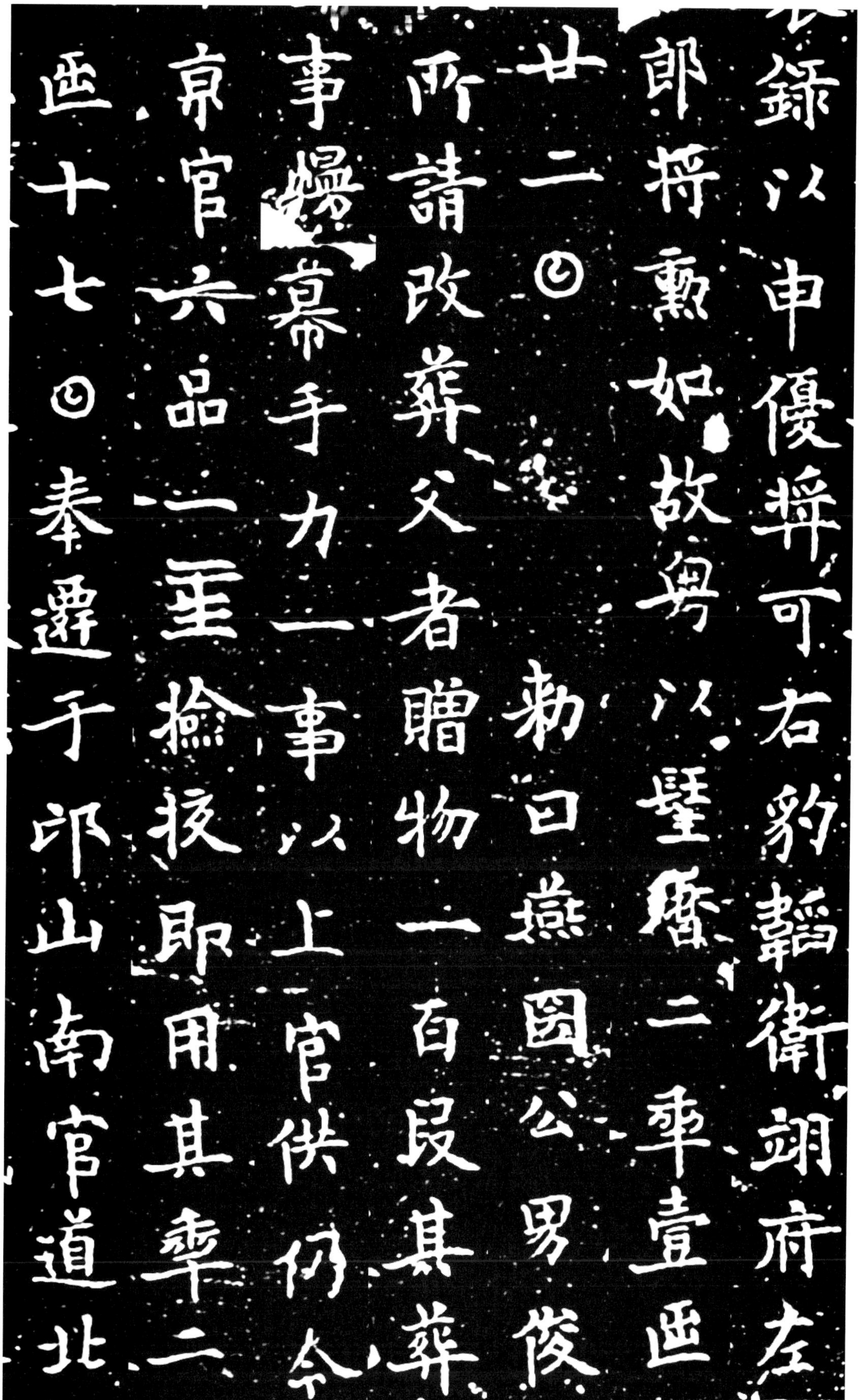
錄以申優獎可右豹韜衛翊府左
郎將勳如故粤以聖曆二年壹月
廿二日 敕曰燕國公男俊
所請改葬父者贈物一百段其葬
事[illegible]幕手力一事以上官供仍令
京官六品一人檢校即用其年二
月十七日奉遷于邙山南官道北

黑齒常之 墓誌 · 13

禮也惟應 君孫岑偉絕材幹之表
也懸鏡壼融理會之臺也言宣而
意博無枝葉之多蔽謀動而事成
有本末之盡美 夙夜匪懈心存於
事上歲寒不移志在於爲下非君
子之所闡懷必不入於思慮非先
王之所貽訓必不出 於令想自推

黑齒常之 墓誌 · 14

載軍門建節邊塞善毀者不能加
惡工譽者不能增美智者見之謂
之智仁者見之謂之仁至於推財
忘己重義先物雖刎首不顧其利
傾身不改其道由是懦夫為之勇
貪夫為之廉猶權衡之不言而斤
而空之其謀騊駼之絕足而駑駘知

黑齒常之 墓誌 · 15

其遠至於吏能貞幹走筆而雙璧
自非鑒賞人倫守默而千金成價
固非當世之可効盡拔萃之標準
也榮辱必也死生命也苟同於歸
何必終於婦人之手矣余嘗在軍
得叅義府感其道頌其功乃為銘
曰

黑齒常之 墓誌·16

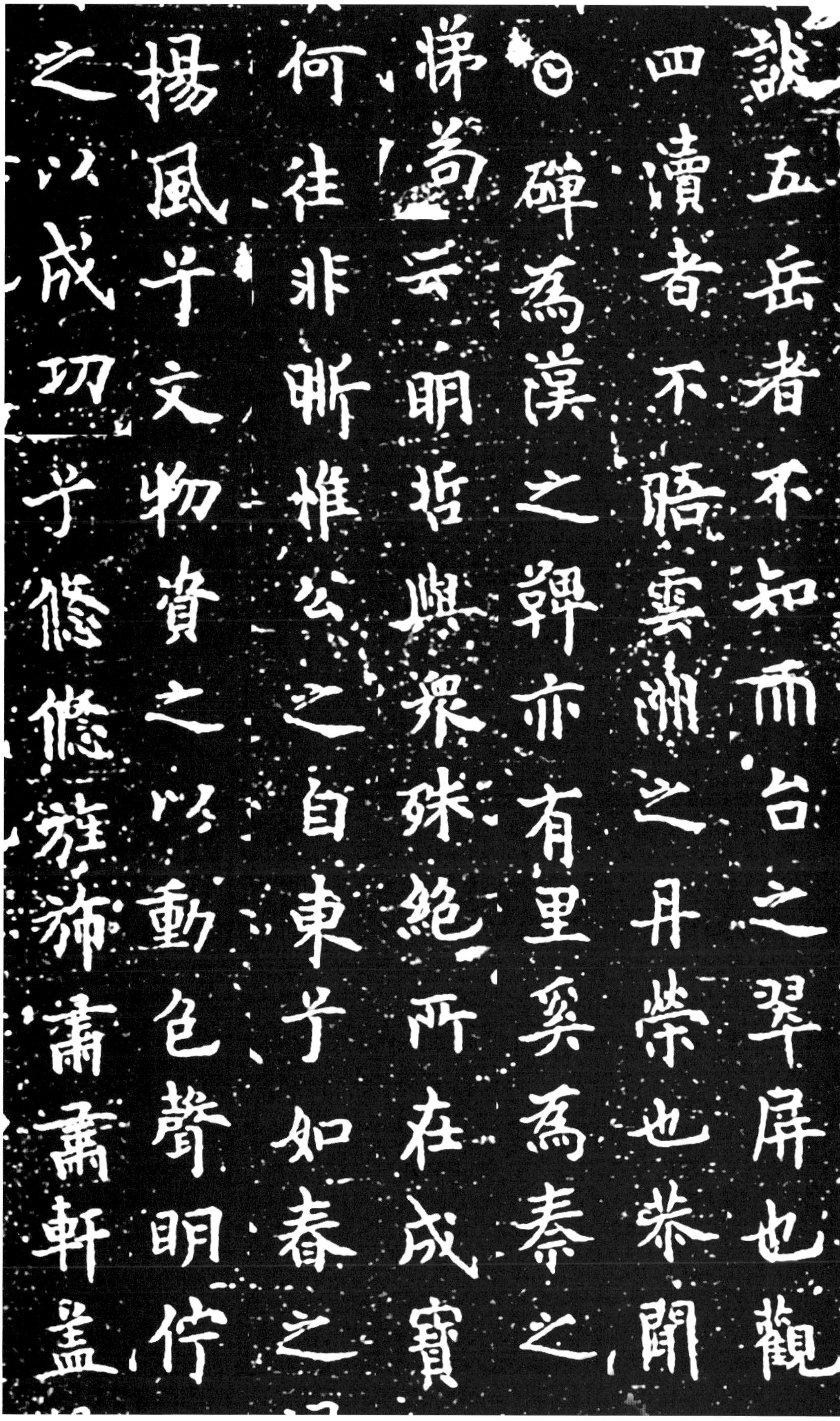

誌五岳者不知而台之翠屏也觀
四瀆者不悟雲洲之丹崇也恭聞
碑爲漢之碑亦有里奚爲秦之
牒爲云明哲與衆殊絶所在成寶
何往非晰惟公之自東于如春之
揚風乎文物資之以動色聲明佇
之以成功于悠悠旌旆肅肅軒蓋

黑齒常之 墓誌 · 17

鞞鳴鍾鼓鳴籟云雜之嶸伴我德
聲四郊無戎馬之患千里捍公侯
之城勳績既[illegible]矣忠義既顯共物
有恩乎貞劉行有高而則傷中夲
落其何幽壤淪其光而下為之痛
海內哀其良而鑒斯孔懷
彼衡亡余實感慕為之頌章寄言

黑齒常之 墓誌 · 18

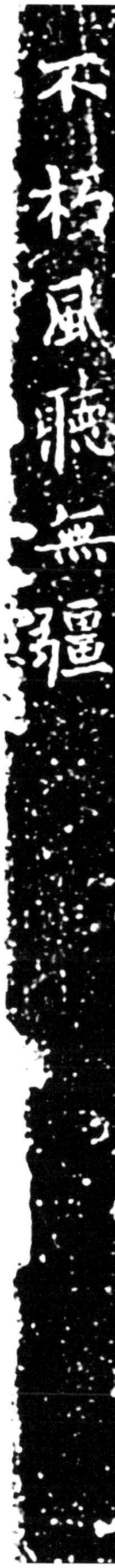


黑齒常之 墓誌 · 19

## 九、黑齒俊 墓誌

大唐故右金吾衛守翊府中郎將上柱國黑齒府君墓誌銘序
公諱俊卽唐左領軍衛大將軍燕國公之子焉分邦海濱見美玄虛
之職稱首澤國取重太沖之詞濊種落於遐荒精□冠於中國□□
□事懸名於畫月之旗為孝為忠紀德於繫年之史曾祖加亥任本□
刺史祖沙子任本鄉戶部尚書並王挺荆山珠□蔚浦耀錦衣於
日域風化大行撫仙署於天□□臺時叙父常之皇朝左武衛大
將軍上柱國燕國公贈左領軍衛大將軍材冠孤□行光金氏功兼
美地仲矯之任將軍賞茂山河邵奭之封燕國死□可作褒贈載榮
公稟訓將門夙懷武略陶謙兒戲即列旌旗李廣□□必圖軍陣由
是□鴻領之遠略挺猿辟之奇工弱冠以別奏從梁王孝□道行以
軍功授游擊將軍任右豹韜衛翊府左郎將俄遷右金吾衛翊府中
郎將上柱國高踐連雲之閣俯從秋省之遊珥晉戟之華貂盛漢年
之車服方冀七葉貽慶以享西漢之榮豈圖二豎□□從北斗之
君以神龍二年五月廿三日遘疾終洛陽縣從善之□春秋卌一嗚
呼城府颯焉邦國殄瘁惟公志氣雄烈宇量高深雖太上立功勉勞
若戰而數奇難偶竟不封侯奄及殲良朝野痛惜即以神龍二年歲
次景午八月壬寅朔十三日葬於北邙山原禮也途移楚挽路引周簫
窀穸將開黃腸遽掩封崇既畢翠柏方深紀餘恨於□□庶碑字之
生全銘曰
於維后唐求賢以理賴當見用秺侯入仕西戎孤□□夷之子求
如不及片善斯紀(其一)紀善奚謂加之冠纓忠以立勳孝以揚名□矣
皇考早勵清貞孝哉令嗣無墜厥聲(其二)厥聲伊何將門武德受命
分閫立功異域克定禍亂掃除氛慝哥鍾賞賢車服表德(其三)車服伊
何金吾寀盛美矣夫子膺茲寵命高閣連雲華貂疊映享此積善冀
傳餘慶(其四)餘慶不延俄終小年梁木斯壞彼蒼者天挽悲萬里簫唱
□埋白日永瘞黃泉(其五)

黑齒俊 墓誌 · 1

旗為孝爲忠紀德於繫年之■
曾祖加亥任■■刺史祖沙子
任本鄉戶部尙書並王廷荊山
珠■蔚浦耀錦衣於日域風化
大行撫仙署於天■■臺時敍
父常之■皇朝左武衛大將軍
上柱國燕國公贈左領軍衛大

黑齒俊 墓誌·2

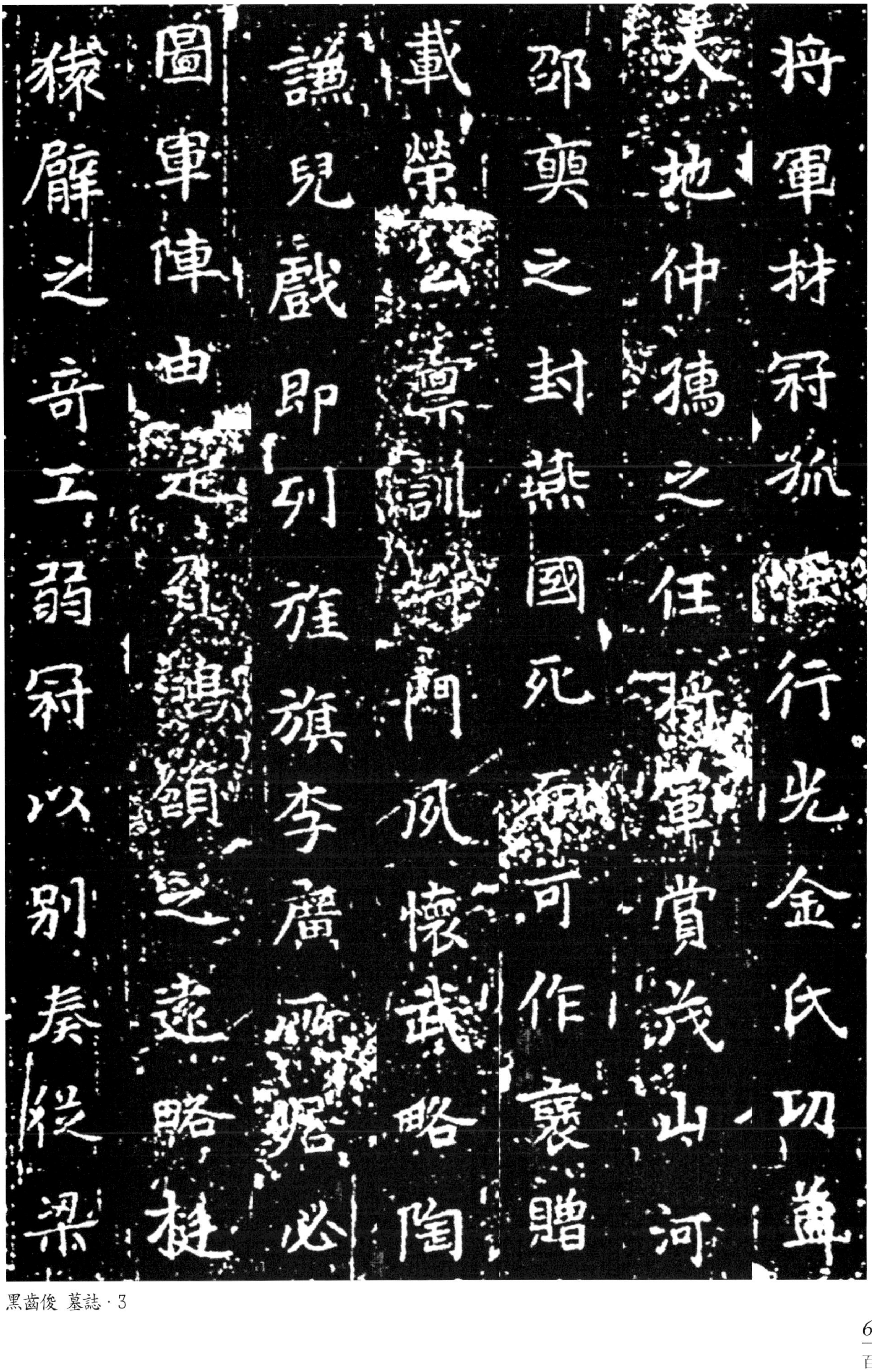
將軍材冠孤[illegible]行光金氏功冀
天地仲儁之任[illegible]軍賞茂山河
邳奠之封燕國死[illegible]可作襃贈
載榮公禀訓[illegible]門夙懷武略陶
謙兒戲即列旌旗李廣[illegible]嬉必
圖軍陣由是[illegible][illegible][illegible]之遠略挺
猿臂之奇工弱冠以別奏從梁

黑齒俊 墓誌 · 3

王孝傑西道行以軍功授游擊將
軍任右豹韜衛翊府左郎將俄
遷右金吾衛翊府中郎將上柱
國高踐連雲之閣術從秋省之
遊現晉賦之華貌盛漢年之車
服方冀七葉貽慶以享西漢之
榮豈啚二豎□徵徒北斗之

黑齒俊 墓誌 · 4

以神龍二年五月廿三日遘
疾終洛陽縣從善之坊春秋卅
一烏呼哉府颯焉邦國殄瘁惟
公志氣雄烈宇量高深雖太上
立功勉勞善戰而數奇難偶竟
不封侯奄及殲良朝野痛惜即
以神龍二年歲次景午八月壬

黑齒俊 墓誌 · 5

寅朔十三日葬於北邙山原禮也
途移楚挽路引周簫窀穸將闢
黃腸遽掩封崇既畢翠栢方滋
紀餘恨於[illegible][illegible]庶碑字之生金
銘曰
猗維后唐求賢以理穎當見用
稚侯入仕西戎孤[illegible]東夷之子

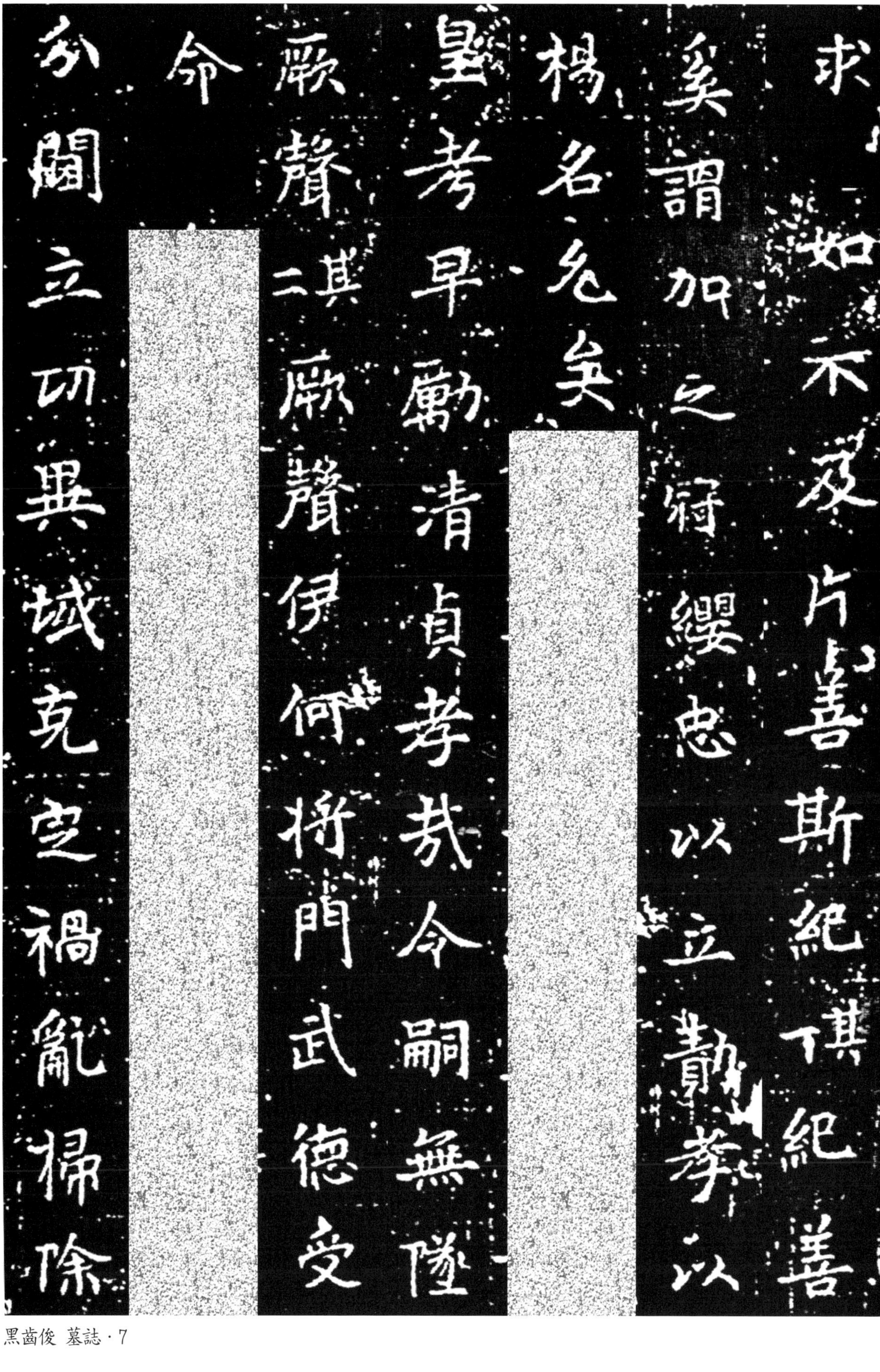

求如不及片善斯紀其紀善
奚謂加之冠纓忠以立勤孝以
楊名允矣
皇考早勵清貞孝哉令嗣無墜
厥聲其二厥聲伊何將門武德受
命
分閫立功異域克定禍亂掃除

黑齒俊 墓誌 · 7

氛憑哥鍾賞賢車服表德其三車
服伊何金吾家盛美矣夫子膺
茲寵命高閣連雲華貂疊映享
此積善莫傳餘慶其四餘慶不延
儀終小年梁木斯壞彼蒼者天
挽悲蒿里簫唱□□□埋白□
永瘞黃泉其五

黑齒俊 墓誌·8

## 十、珣將軍功德碑

珦將軍功德碑 · 1

珦將軍功德碑 · 2

珣將軍功德碑 · 3

珣將軍功德碑 · 4

珣將軍功德碑 · 5

珣將軍功德碑 · 6

珣將軍功德碑 · 7

珣將軍功德碑 · 8

歎未曾有也與供時
發純善若博施財
富以道之奉為
先尊及兄弟姻族散

珣將軍功德碑 · 10

珣將軍功德碑 · 11

珣將軍功德碑 · 12

珣將軍功德碑 · 13

珦將軍功德碑 · 14

大曆景龍元年歲
在
十八
部邊宣德

珦將軍功德碑 · 16

十一、祢寔進 墓誌

原本 크기의 30%

祖左平譽多父左平思善並蕃官正一品推敎

爲姿忠厚成性馳聲滄海効節青丘公器宇淸

沉幹略宏遠虛弦落鷹挺劍飛猨風稟貞規早

標義節占風異域就日長安式奉文棍爰陪武

悵署鞬拜鶡紆紫懷黃駈十影於香街翊九旗

於綺禁豈与夫日磾之輩由余之儔議其誠績

較其優劣者矣方承休寵荷日用於百年遽促

浮生奄塵飄於一瞬以咸亨三年五月廿五日

回行薨於来州黃縣春秋五十有八以其年十二月廿

恩加　詔葬禮洽餝終以其年十一月廿

一日葬於高陽原爰命典司爲其銘曰

濵海之東遠截　皇風飡和飲化抱義志承

榮簪紱接禾鶏鴻星摇寶劍月滿雕弓

恩光屢洽寵服方隆逝川遽遠悲谷俄窮坰合

古樹霜落寒叢唯天地兮長久与蘭菊兮無絶

祢寔進 墓誌·1

祢寔進 墓誌 · 2

効節靑丘公器宇
深沉幹略宏遠虛
弦落鷹挺劒飛猨
風禀貞規早標義
節占風異域就日

祢寔進 墓誌 · 3

祢寔進 墓誌 · 4

祢寔進 墓誌 · 5

瞬以咸亨三年五
月廿五日因行薨
於來州黃縣春秋
五十有八
恩加詔葬

祢寔進 墓誌 · 6

禮洽餙終以其年
十一月廿一日葬
於高陽原爰命典
司為其銘曰
溟海之東遠截

祢寔進 墓誌 · 7

皇風飡和飮化
抱義承榮簪紱
接秉鵷鴻星擇寶
劒月淪雁[illegible]
息光屢洽寵服方

祢寔進 墓誌 · 8

陘道川遷遠悲谷
俄郭烟合古樹霜
落寒叢唯天漢兮
長久兮蘭菊兮無
終

祢寔進 墓誌 · 9

原本 크기의 40%

大唐故右威衛將軍上柱國祢
公墓誌銘 并序
公諱軍字温熊津嵎夷人也其
先与華同祖永嘉末避亂適東
因遂家焉若夫巍巍鯨山跨青
丘以東峙淼淼熊水臨丹渚以
南流浸煙雲以樆英降之於蕩

祢軍 墓誌·1

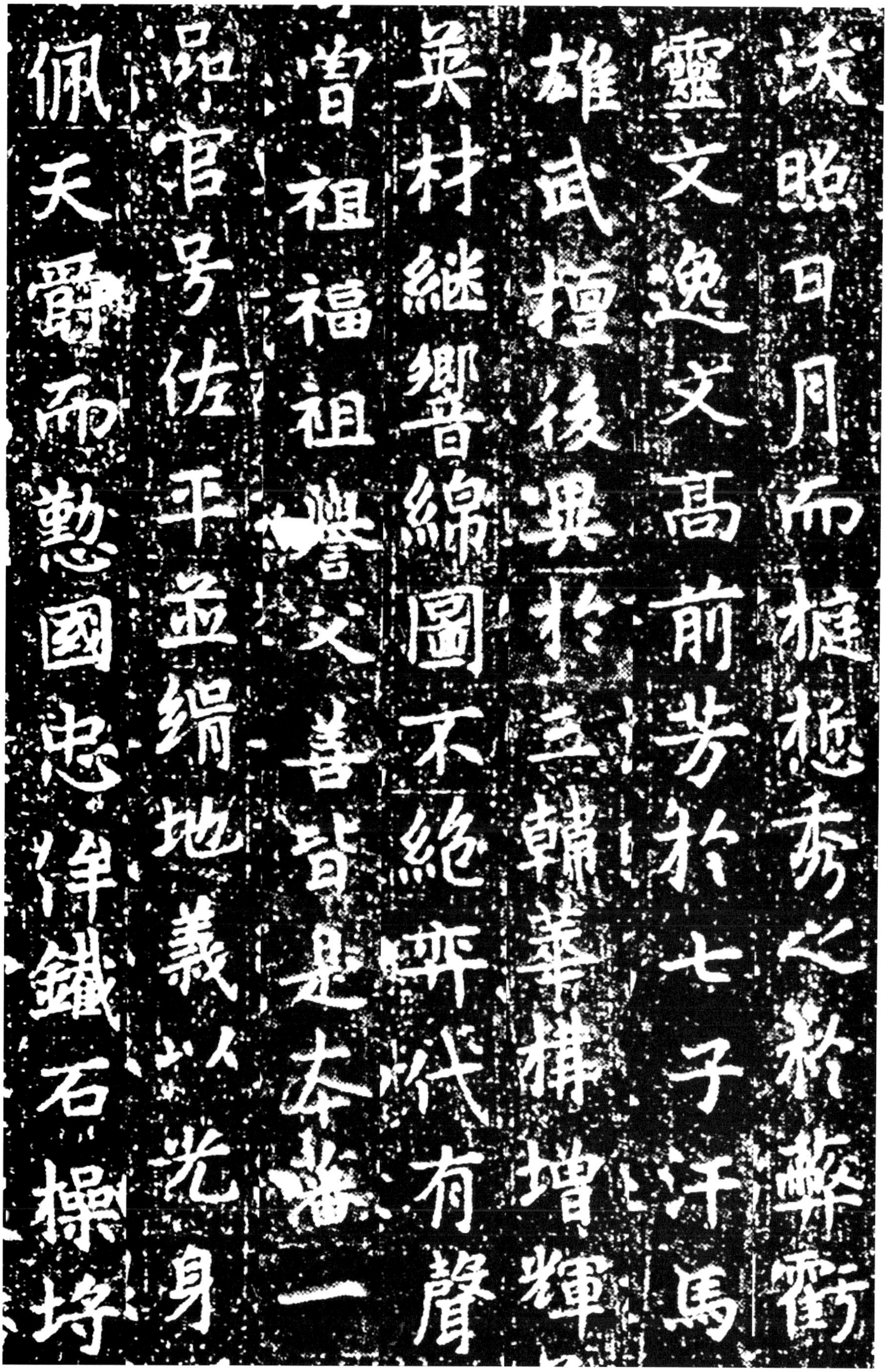
沃照日月而榳悊秀之於蔽虧
靈文逸文高前芳於七子汗馬
雄武擅後異於三韓華構增輝
英材繼響綿圖不絕奕代有聲
曾祖福祖譽父善皆是本藩一
品官號佐平並緝地義以光身
佩天爵而懃國忠侔鐵石操埒

祢軍 墓誌·2

松筠範物者道[illegible]有成則士者
文武不墜公狼輝襲祉鵜頷生
姿涯濬澄陂裕光愛日干牛斗
之逸氣芒照星中搏羊角之英
風影征雲外去顯慶五年官軍
平本藩日見機識變杖劍知歸
似由余之出戎如金磾之入漢

祢軍 墓誌 · 3

聖上嘉歎擢以榮班授右
武衛滻川府折衝都尉于時日
本餘噍據[illegible]桑以逋誅風谷遺
甿負盤桃而阻固萬騎亘野与
蓋馬以驚塵千艘橫波援原虵
而縱沵以公格謨海左龜鏡瀛
東特在簡帝往尸招慰公佝臣

祢軍 墓誌 · 4

節而授命歌　皇華以載馳
飛汎海之蒼鷹翥凌山之赤雀
決河眥而天吳靜鑿風隧而雲
路通驚鳧失侶濟不終夕遂能
說暢　天威喻以禍福千秋
僭帝一旦稱臣仍領大首望數
十人將入朝謁　特蒙　恩詔

祢軍 墓誌·5

授左戎衛郎將少選遷右領軍
衛中郎將兼檢校熊津都督府
司馬材光千里之足仁副百城
之心舉燭靈臺器標於芃棫懸
月神府芳掩於桂苻衣錦晝行
富貴無革雚蒲夜寢字育有方
去咸亨三年十一月廿一日

祢軍 墓誌 · 6

詔授右威衛將軍局影　彤
闕飾躬紫陛亟蒙榮晉驟歷便
繁方謂克壯清猷永綏多祐豈
圖曦馳易往霜凋馬陵之樹川
閱難留風驚龍驤之水以儀鳳
三年歲在戊寅二月朔戊子十
九日景午遘疾薨於雍州長安

祢軍 墓誌 · 7

縣之延壽里第春秋六十有六
皇情念功惟舊傷悼者久
之贈絹布三百段粟三百升葬
事所須並令官給仍使弘文館
學士兼檢校本衛長史王行本
監護惟公雅識淹通溫儀韶峻
明珠不纇白珪無玷十步之芳

祢軍 墓誌 · 8

蘭室欽其臭味四鄰之彩桂嶺
尚其英華奄墜扶搖之翼遽輟
連春之景粵以其年十月甲申
朔二日乙酉葬於雍州乾封縣
之高陽里禮也駟馬悲鳴九原
長往月輪夕駕星精夜上日落
山兮草色寒風度原兮松聲響

祢軍 墓誌 · 9

陟文樹兮可通隨武山兮安仰
愴清風之歇滅樹芳名於壽像
其詞曰
冑胤青丘芳基華麗脈遠遐邈
會逢時濟茂族淳秀弈葉相繼
獻款夙彰隆恩無替其一惟公苗
裔桂頵蘭芬緒榮七貴乃子傳

祢軍 墓誌 · 10

孫流芳後代播美來昆英聲雖
歇令範猶存 其二 牖箭驚秋隟駒
遄暮名將日遠德隨年故慘松
吟於夜風悲薤歌於朝露靈轜
兮遽轉嘶驂兮跼顧嗟陵谷之
貿遷覬音徽之靡蠹 其三

祢軍 墓誌 · 11

十三、唐 劉仁願紀功碑

唐 劉仁願紀功碑 · 1

唐 劉仁願紀功碑 · 2

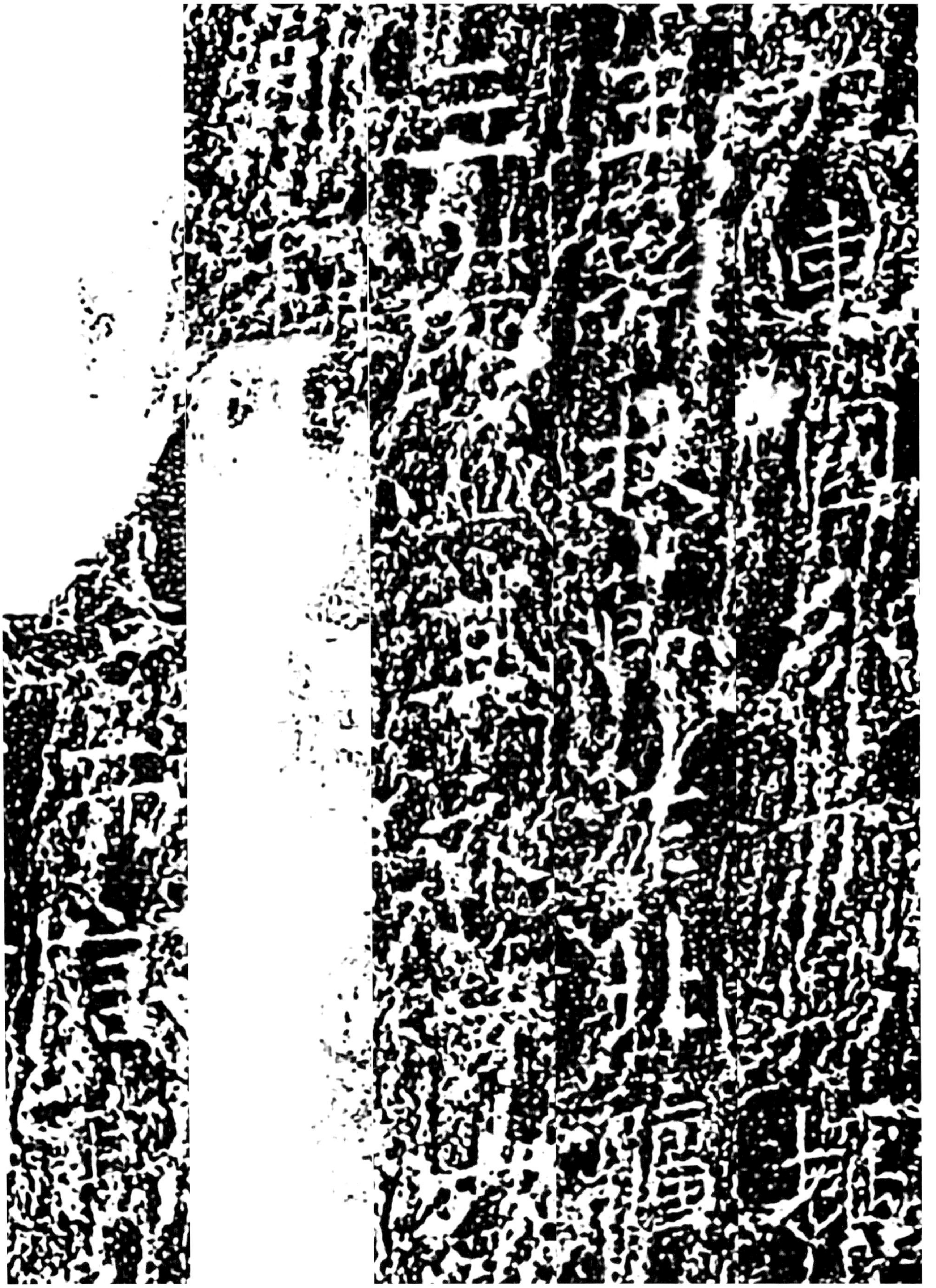

唐 劉仁願紀功碑 · 3

唐 劉仁願紀功碑 · 4

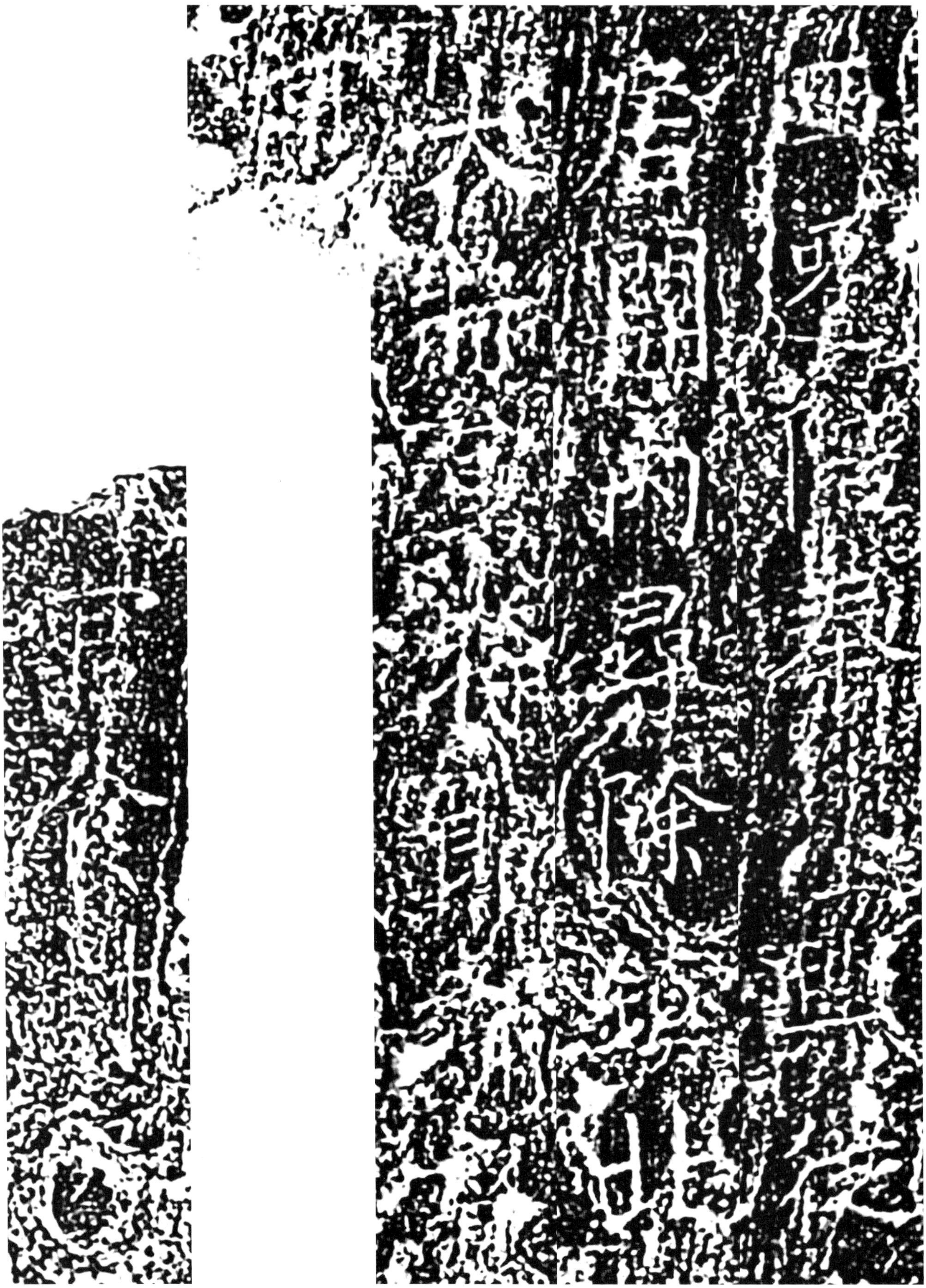

唐 劉仁願紀功碑 · 5

唐 劉仁願紀功碑 · 6

唐 劉仁願紀功碑 · 7

唐 劉仁願紀功碑 · 8

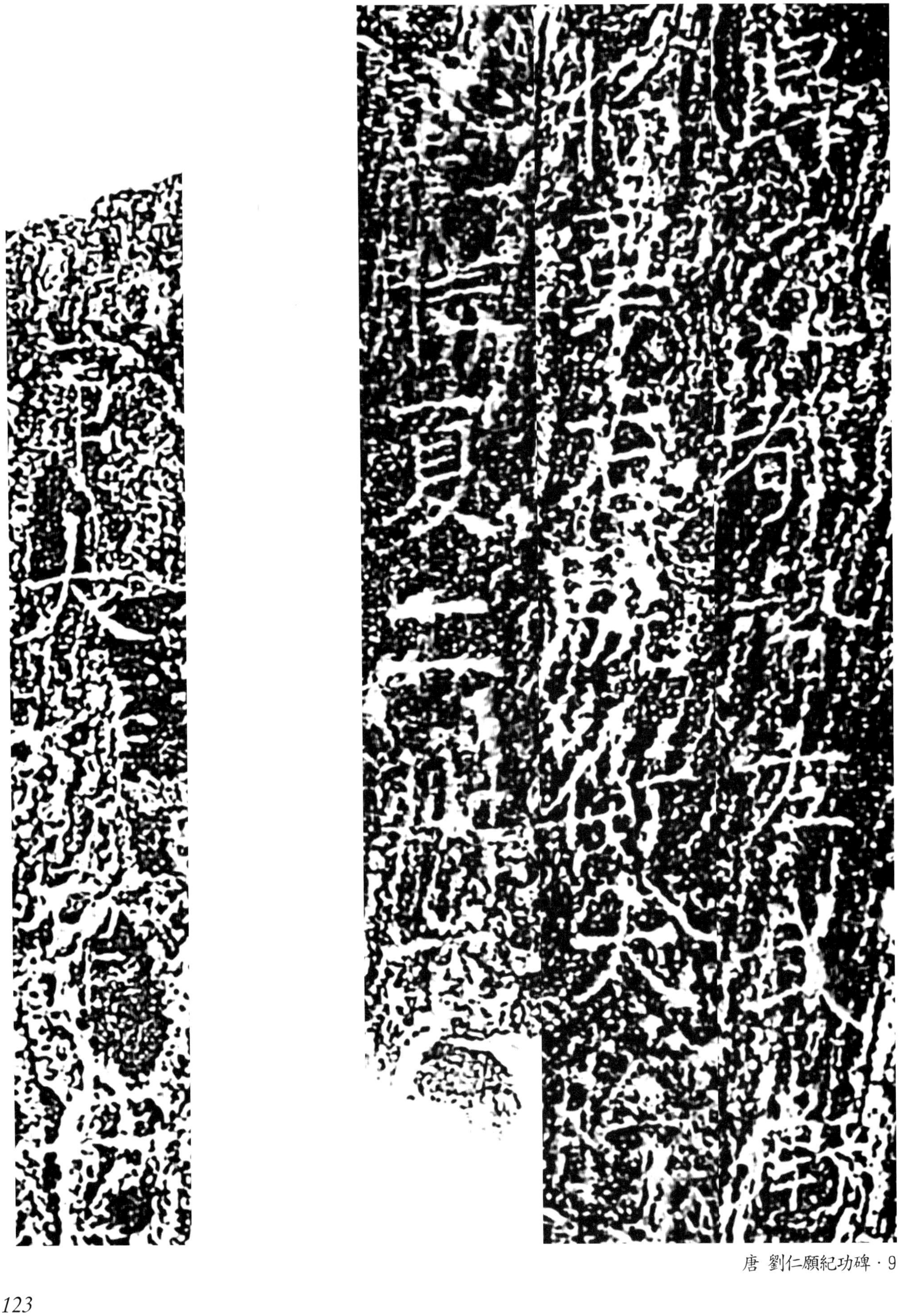

唐 劉仁願紀功碑 · 9

唐 劉仁願紀功碑 · 10

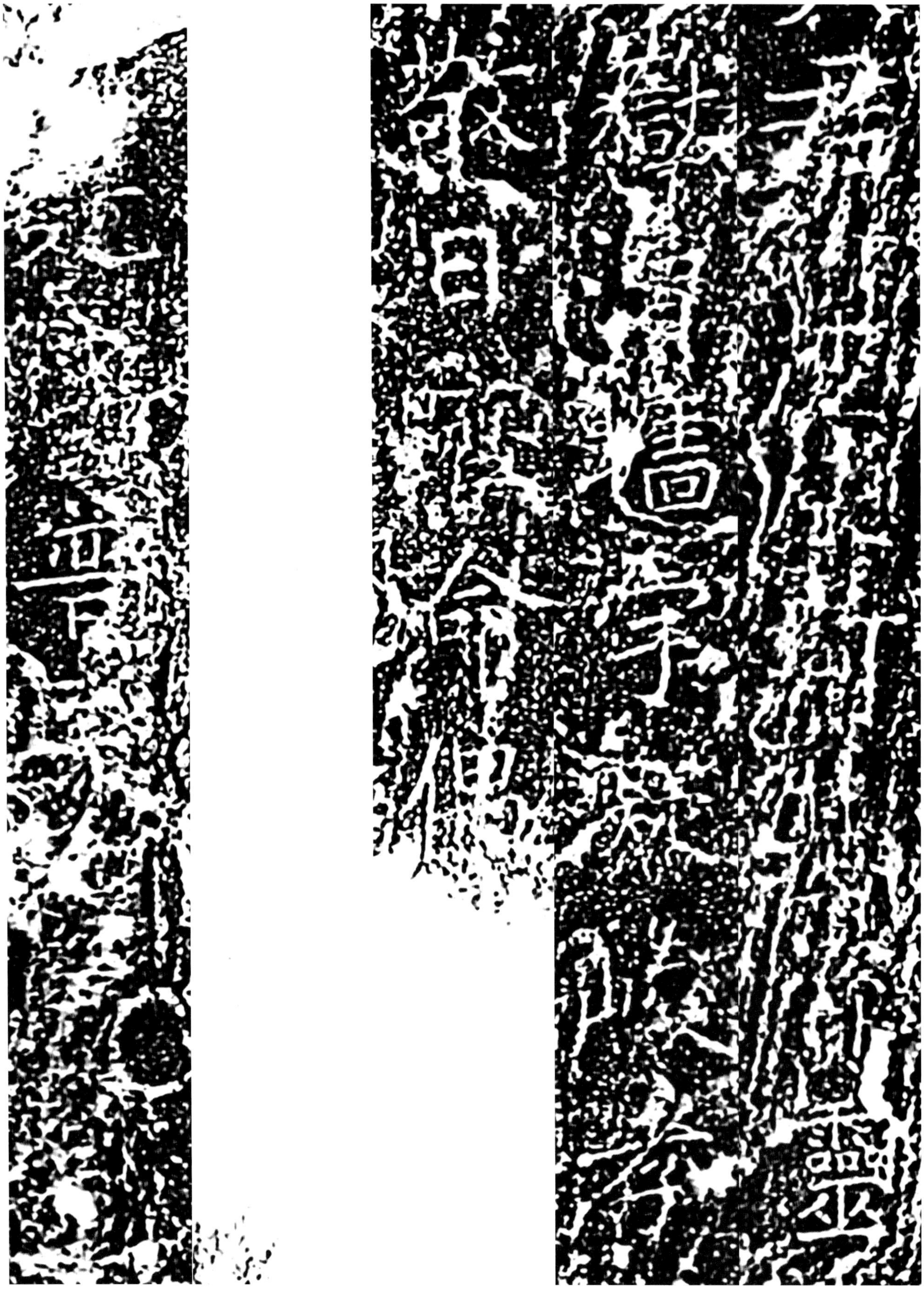

唐 劉仁願紀功碑 · 11

唐 劉仁願紀功碑 · 12

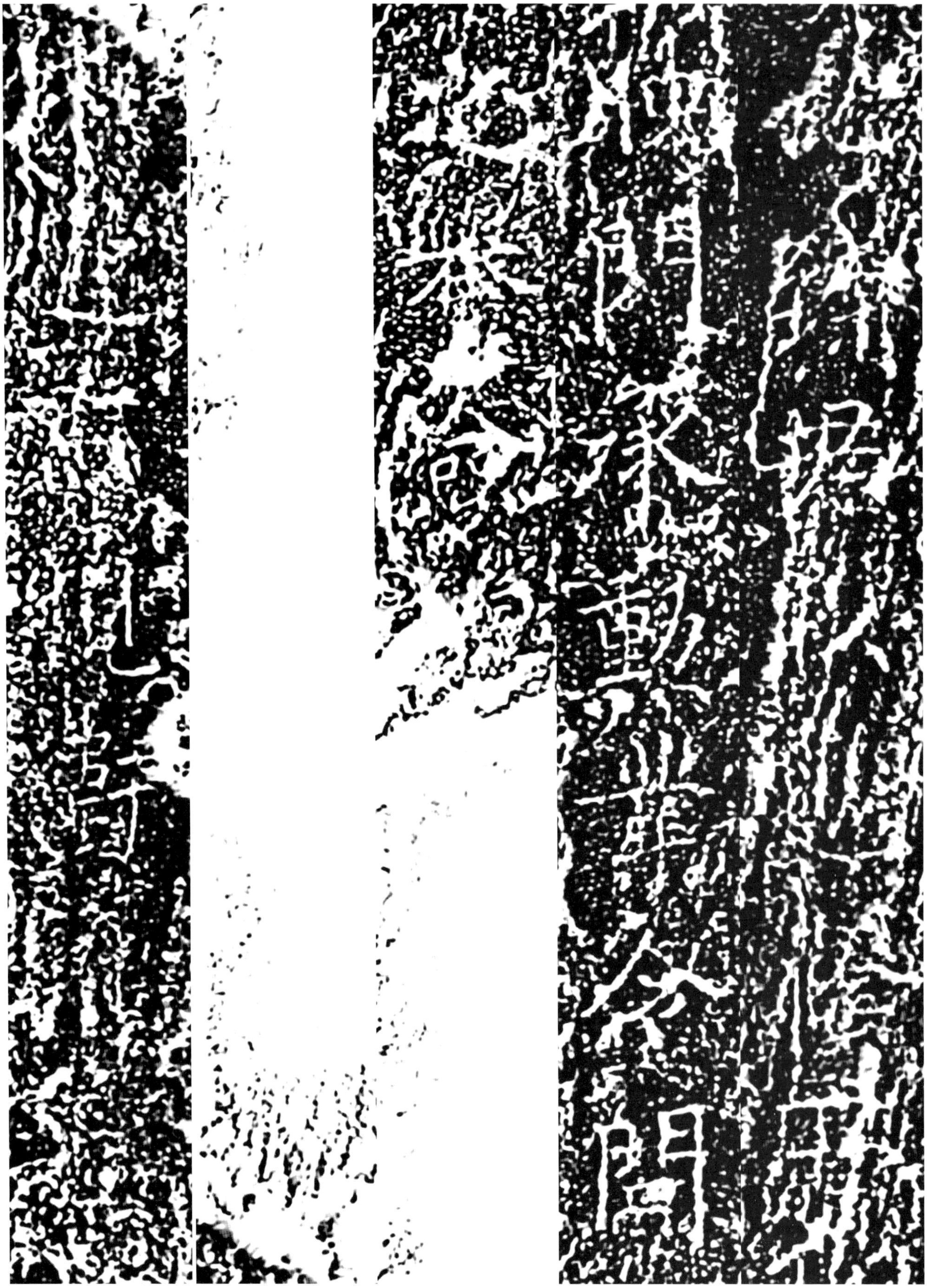

唐 劉仁願紀功碑 · 13

唐 劉仁願紀功碑 · 14

唐 劉仁願紀功碑 · 15

唐 劉仁願紀功碑 · 16

唐 劉仁願紀功碑 · 17

唐 劉仁願紀功碑 · 18

唐 劉仁願紀功碑 · 19

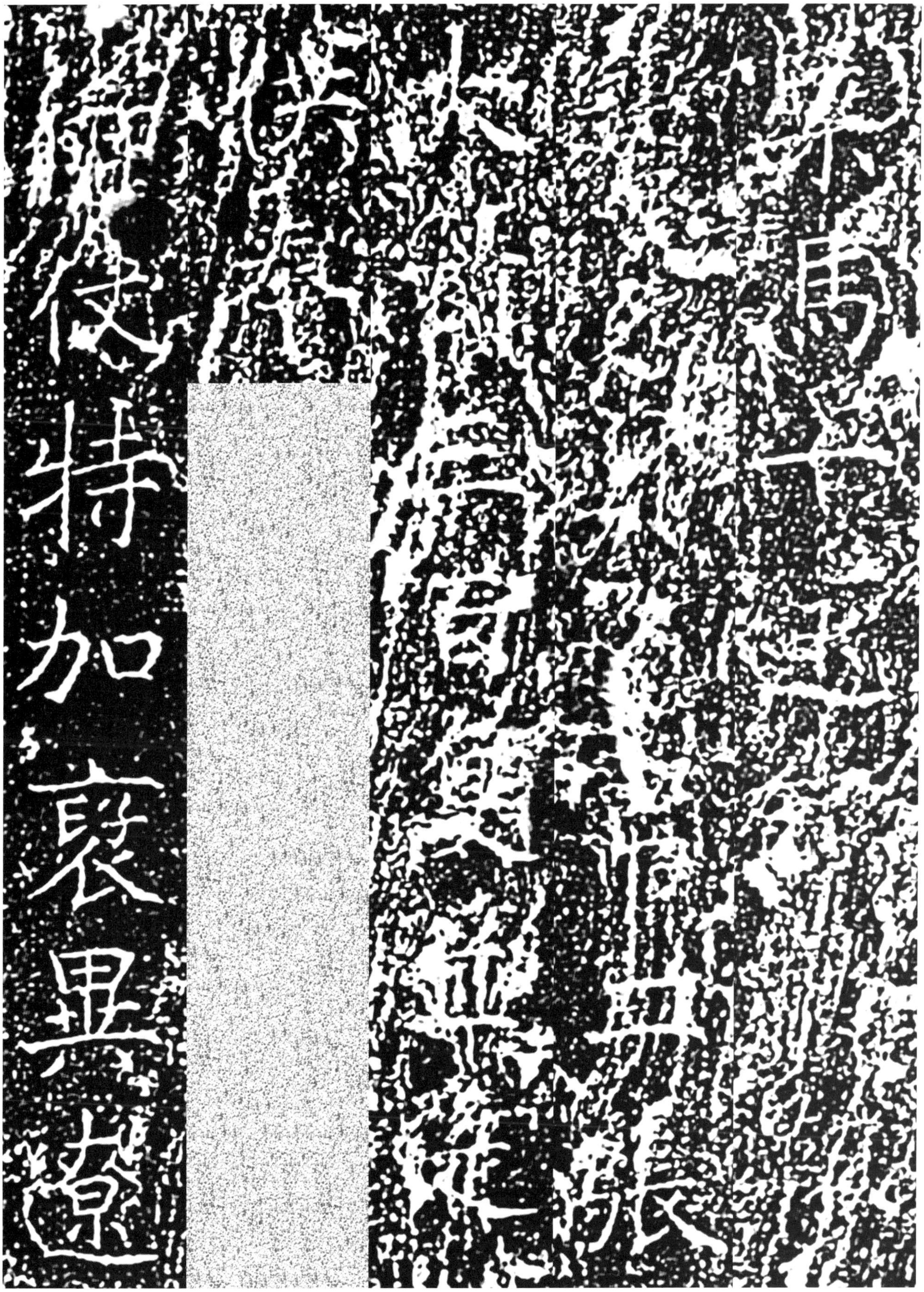


唐 劉仁願紀功碑 · 20

唐 劉仁願紀功碑 · 21

唐 劉仁願紀功碑 · 22

唐 劉仁願紀功碑・23

唐 劉仁願紀功碑 · 24

唐 劉仁願紀功碑 · 25

唐 劉仁願紀功碑 · 26

唐 劉仁願紀功碑・27

唐 劉仁願紀功碑 · 28

唐 劉仁願紀功碑 · 29

唐 劉仁願紀功碑 · 30

唐 劉仁願紀功碑 · 31

唐 劉仁願紀功碑 · 32

唐 劉仁願紀功碑 · 33

唐 劉仁願紀功碑 · 34

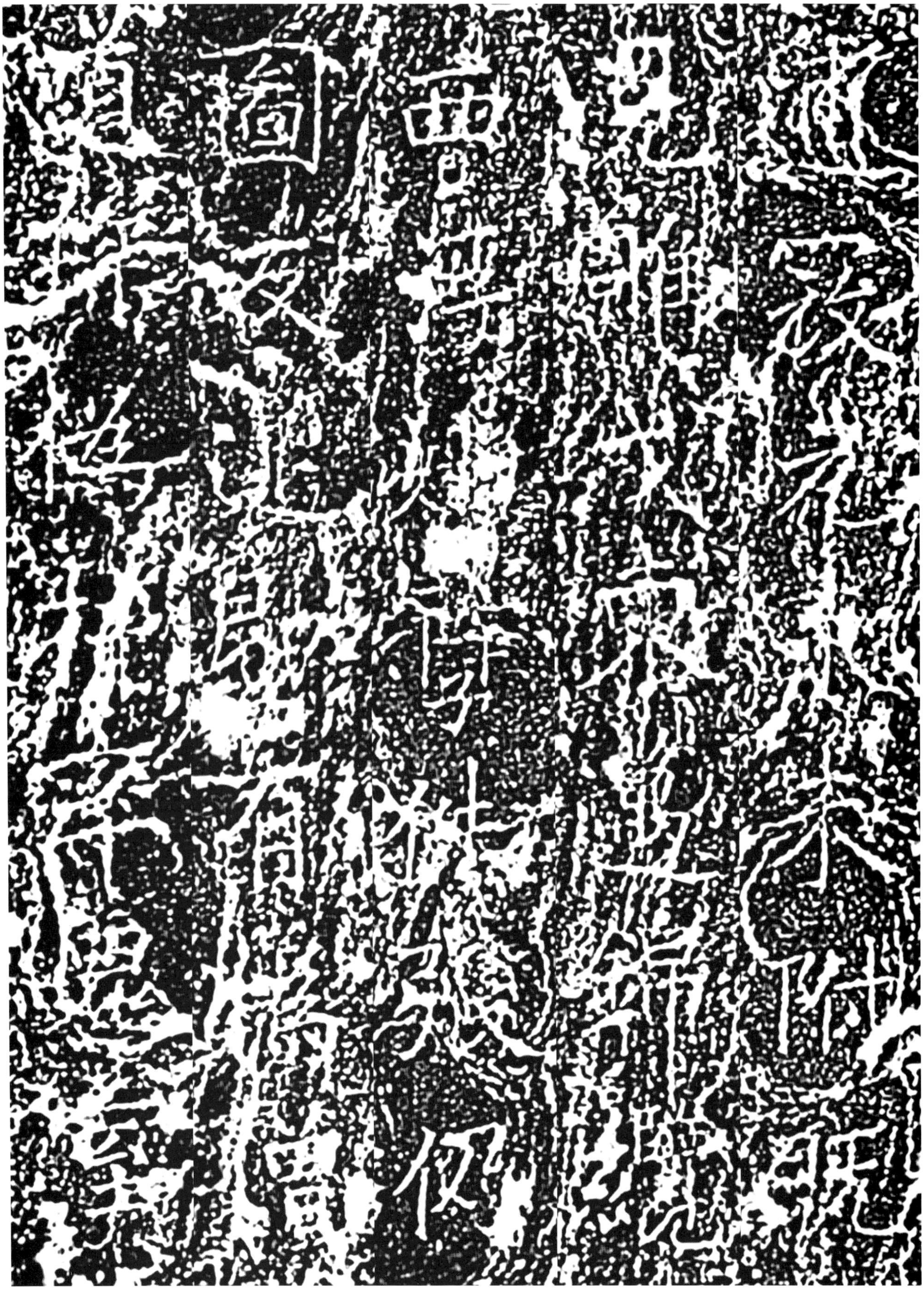

唐 劉仁願紀功碑 · 35

唐 劉仁願紀功碑 · 36

唐 劉仁願紀功碑 · 37

唐 劉仁願紀功碑 · 38

唐 劉仁願紀功碑 · 39

唐 劉仁願紀功碑 · 40

十四、定林寺址 五層石塔 楣石刻字

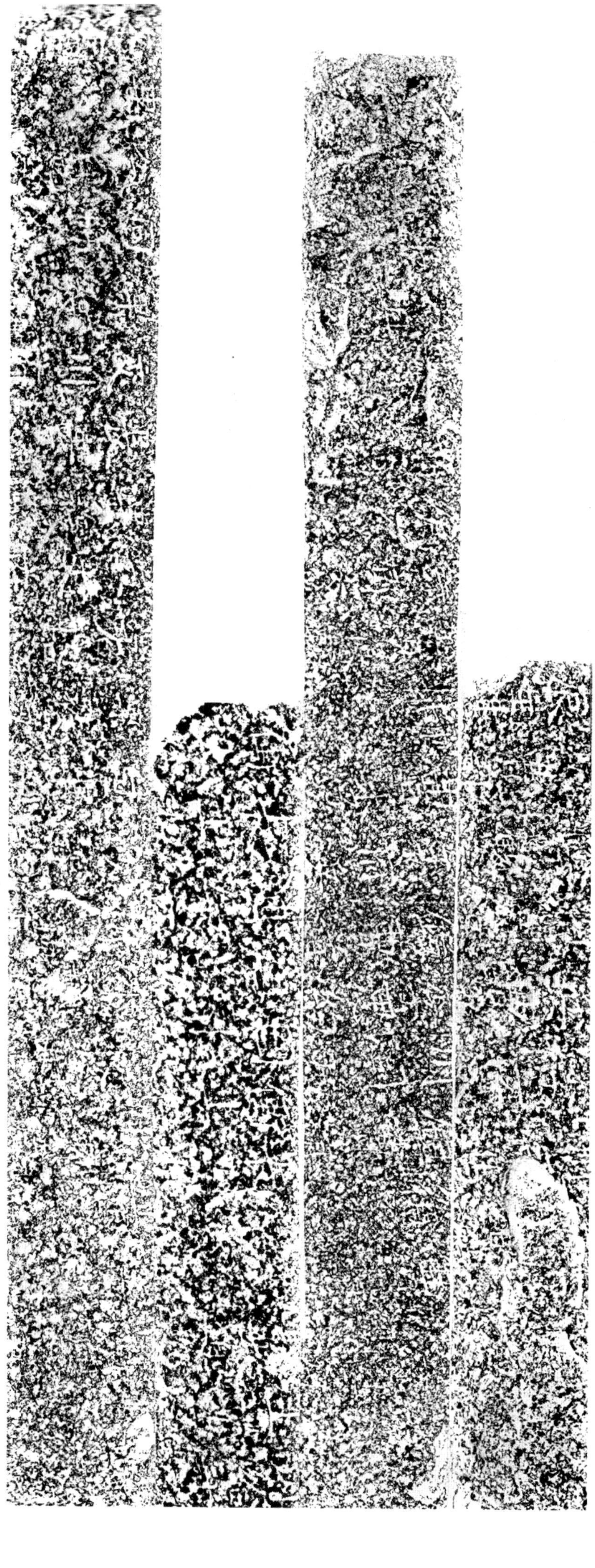

定林寺址 五層石塔 楣石刻字 · 1

定林寺址 五層石塔 楣石刻字 · 2

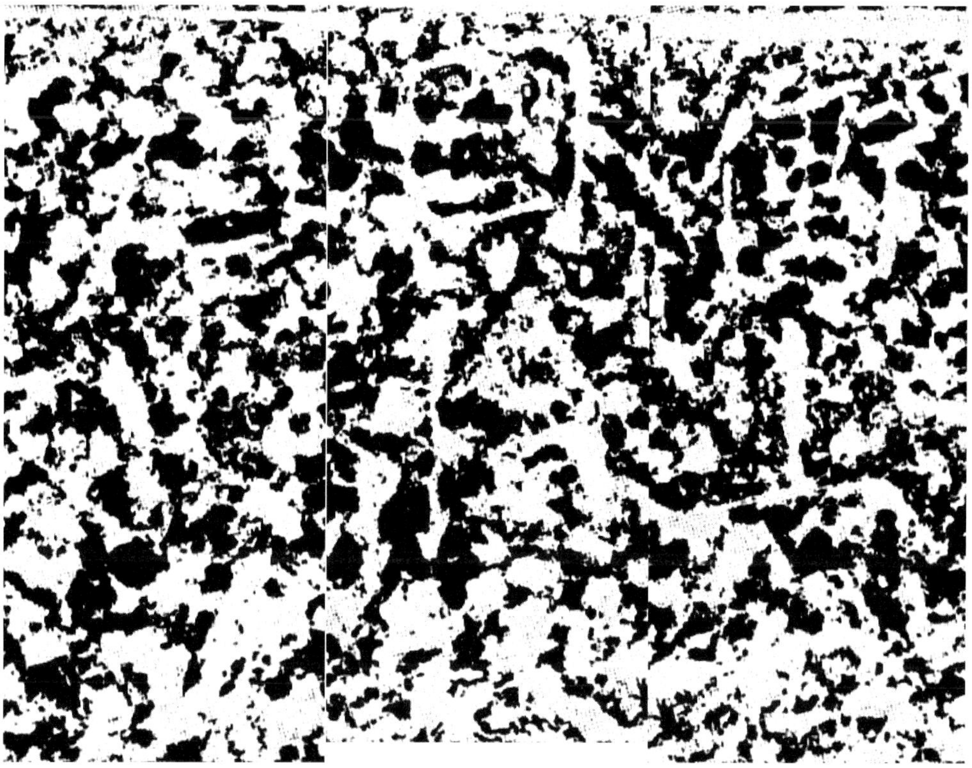

定林寺址 五層石塔 楣石刻字 · 3

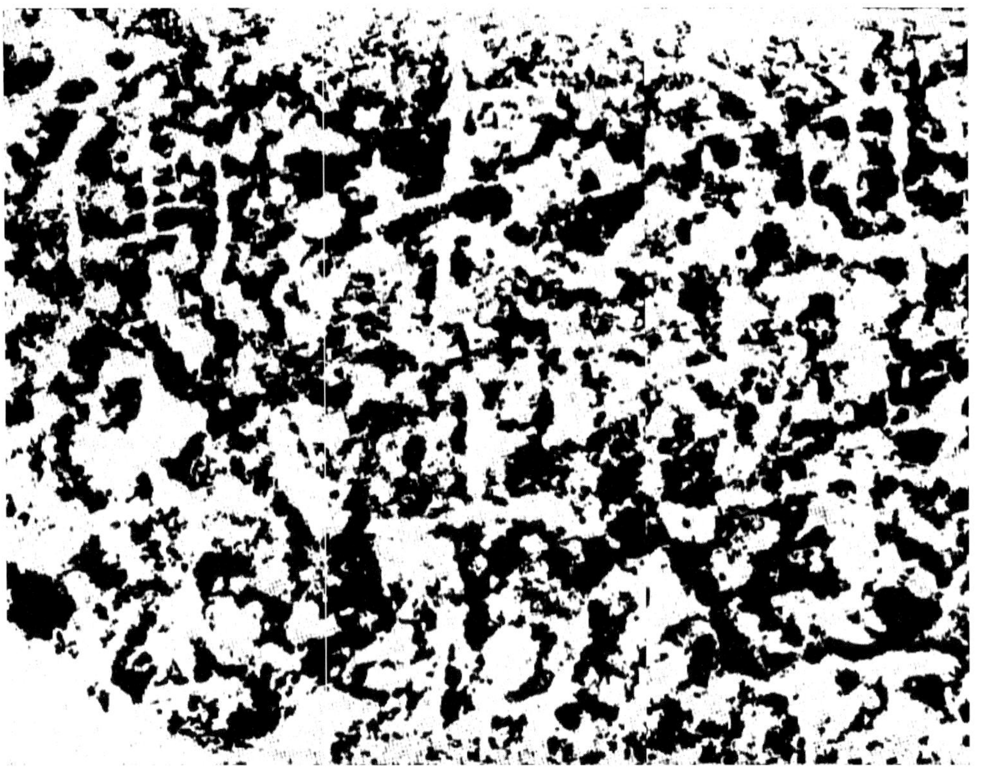

定林寺址 五層石塔 楣石刻字 · 4

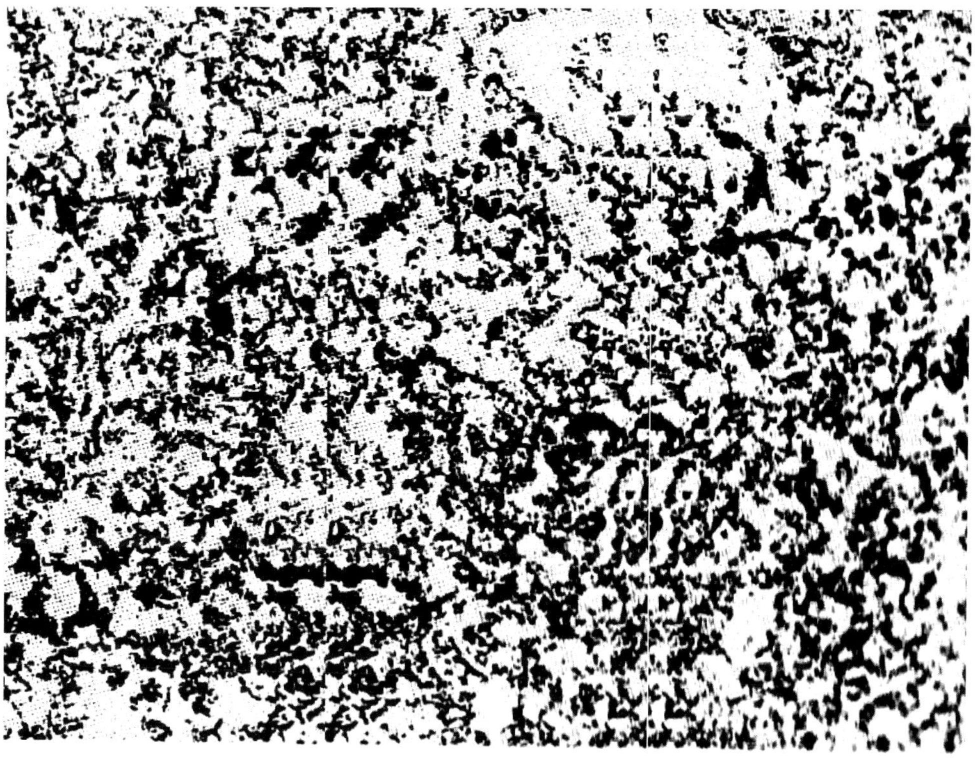

定林寺址 五層石塔 楣石刻字 · 5

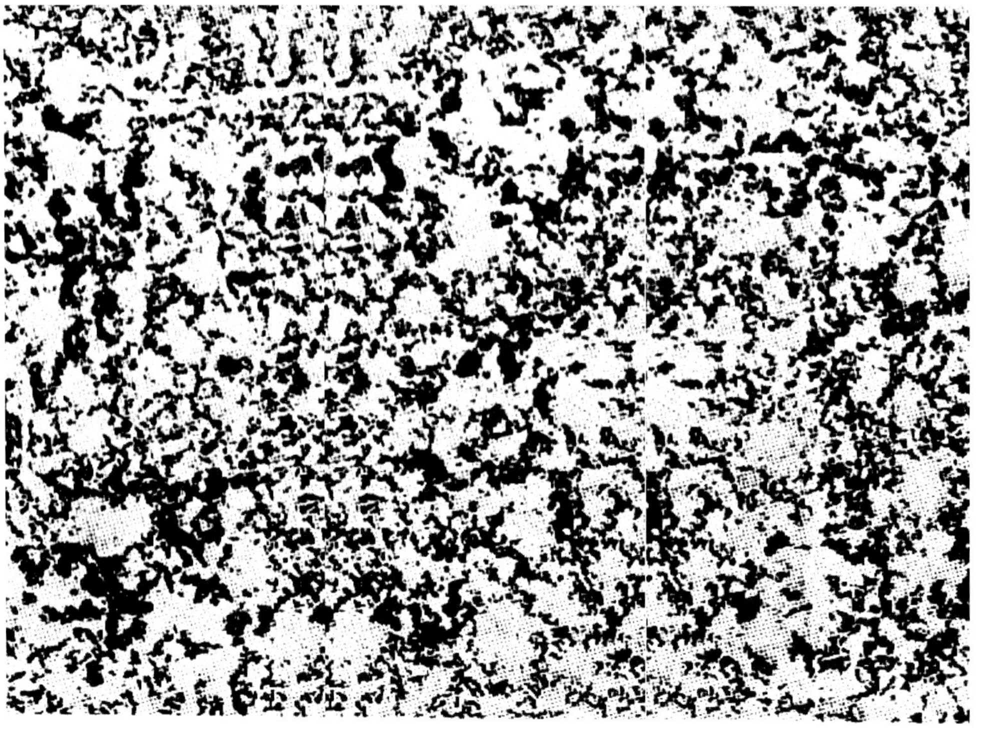

定林寺址 五層石塔 楣石刻字·6

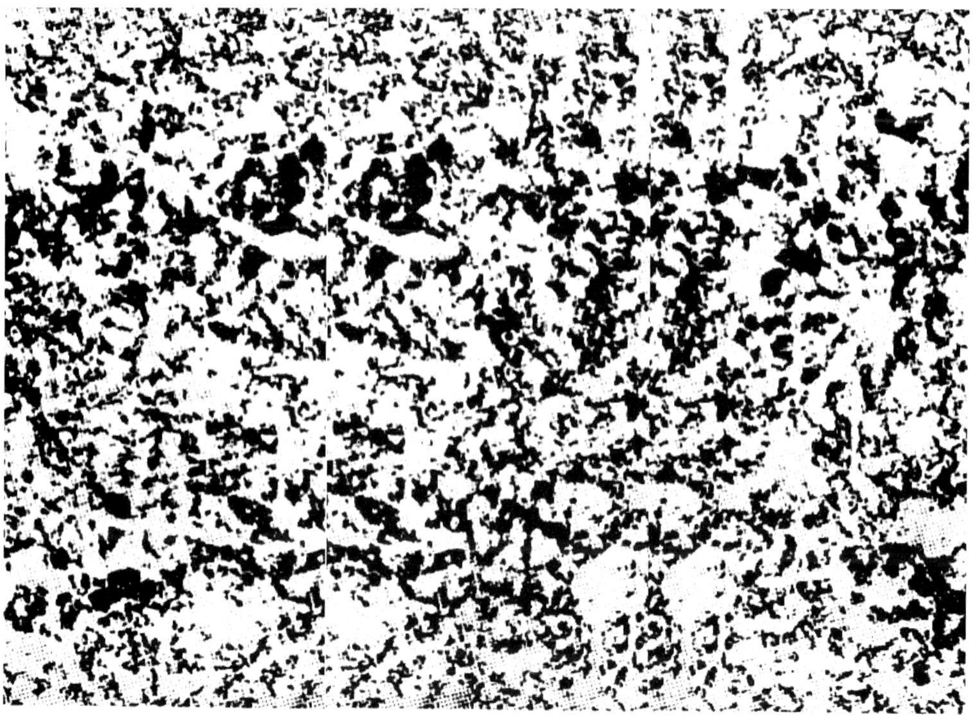

定林寺址 五層石塔 楣石刻字 · 7

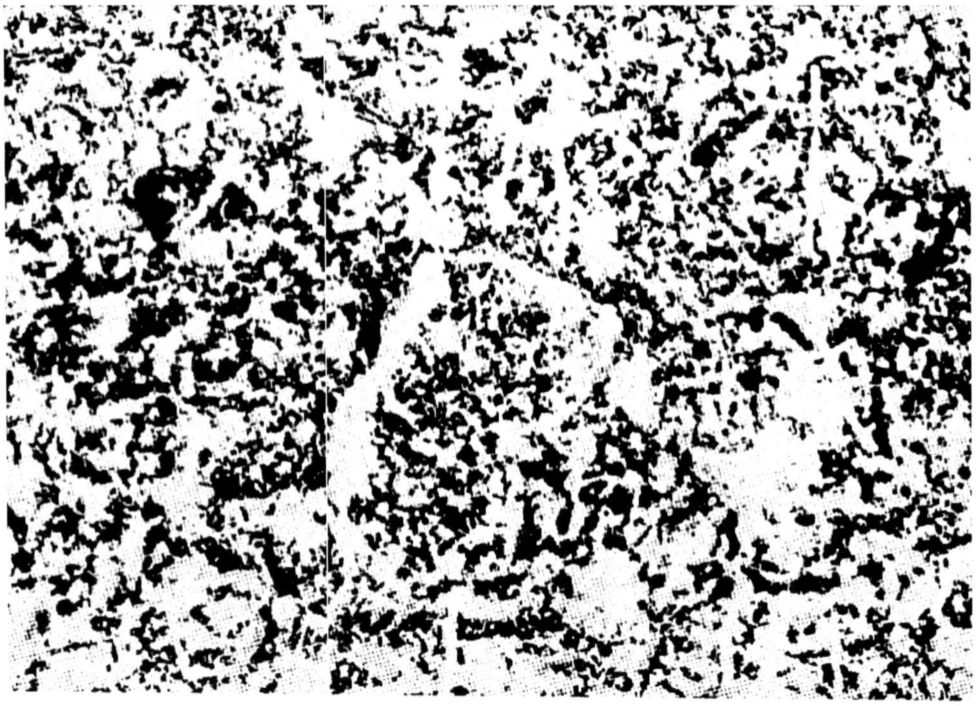

定林寺址 五層石塔 楣石刻字 · 8

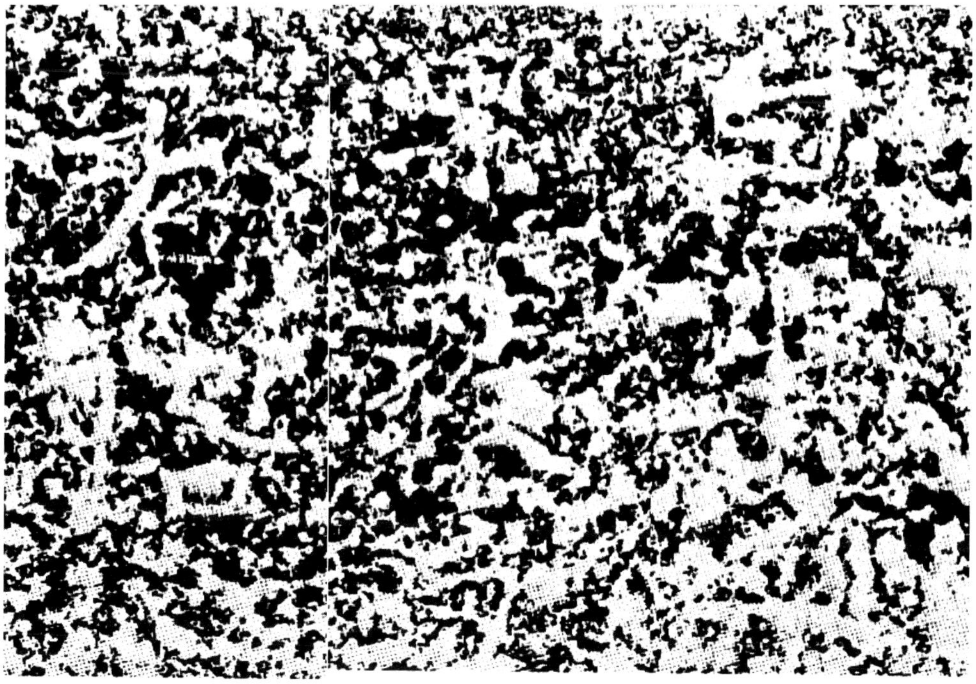

定林寺址 五層石塔 楣石刻字 · 9

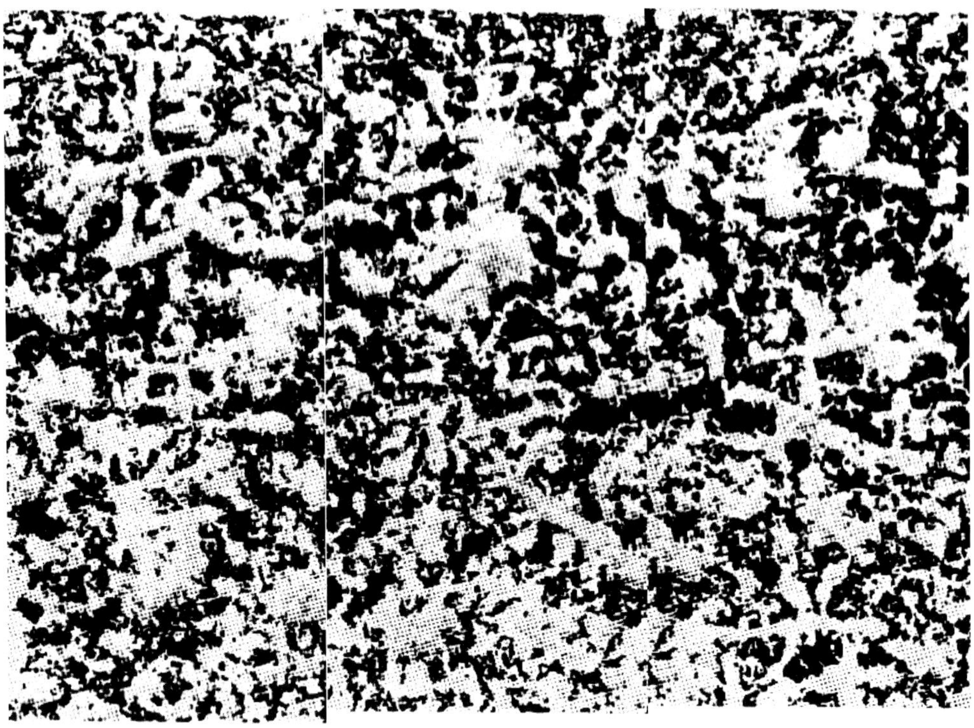

定林寺址 五層石塔 楣石刻字·10

定林寺址 五層石塔 楣石刻字 · 11

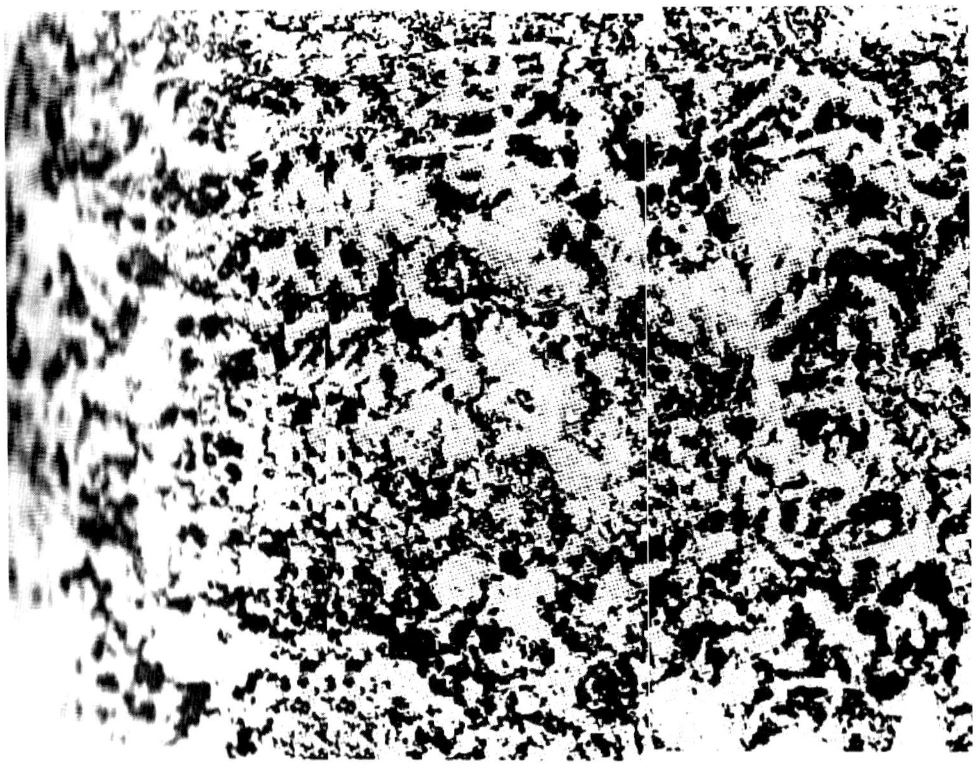

定林寺址 五層石塔 楣石刻字 · 12

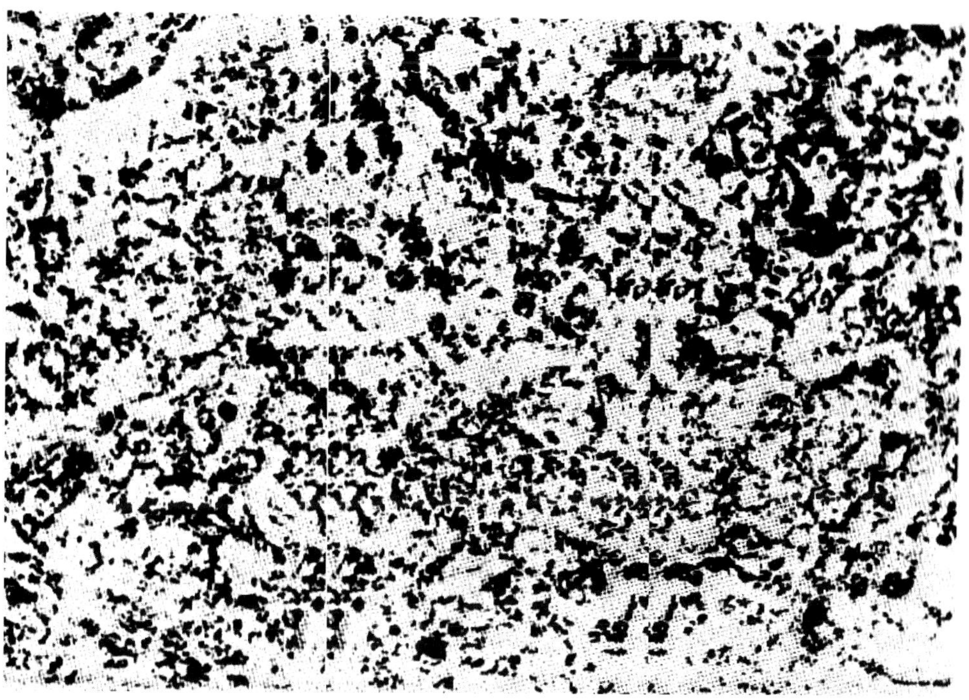

定林寺址 五層石塔 楣石刻字 · 13

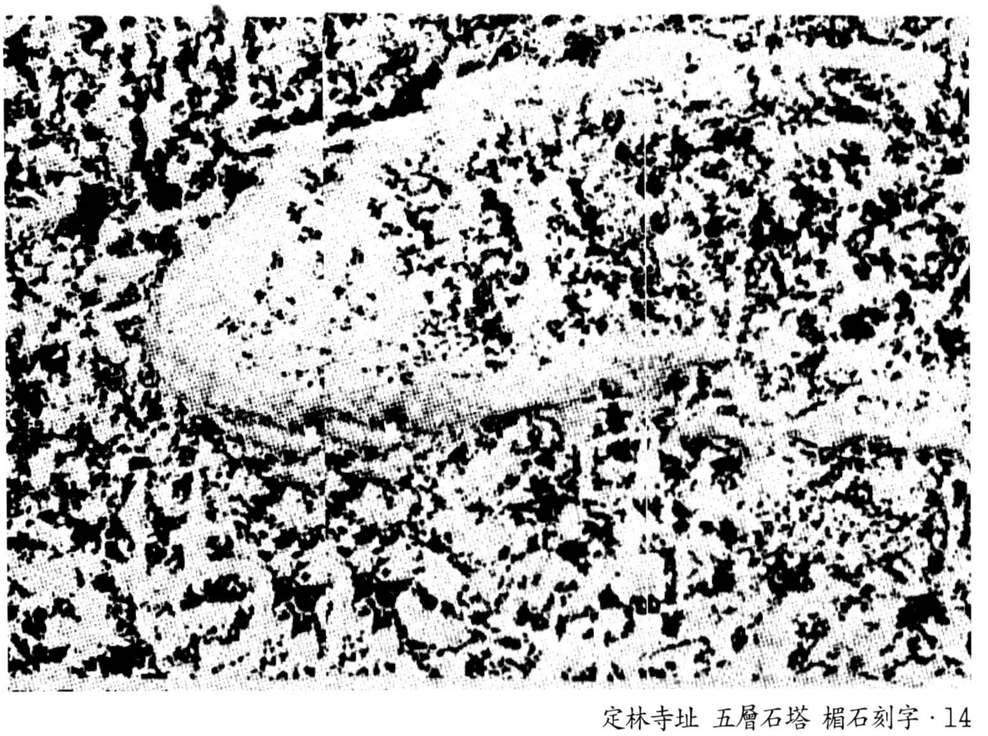

定林寺址 五層石塔 楣石刻字 · 14

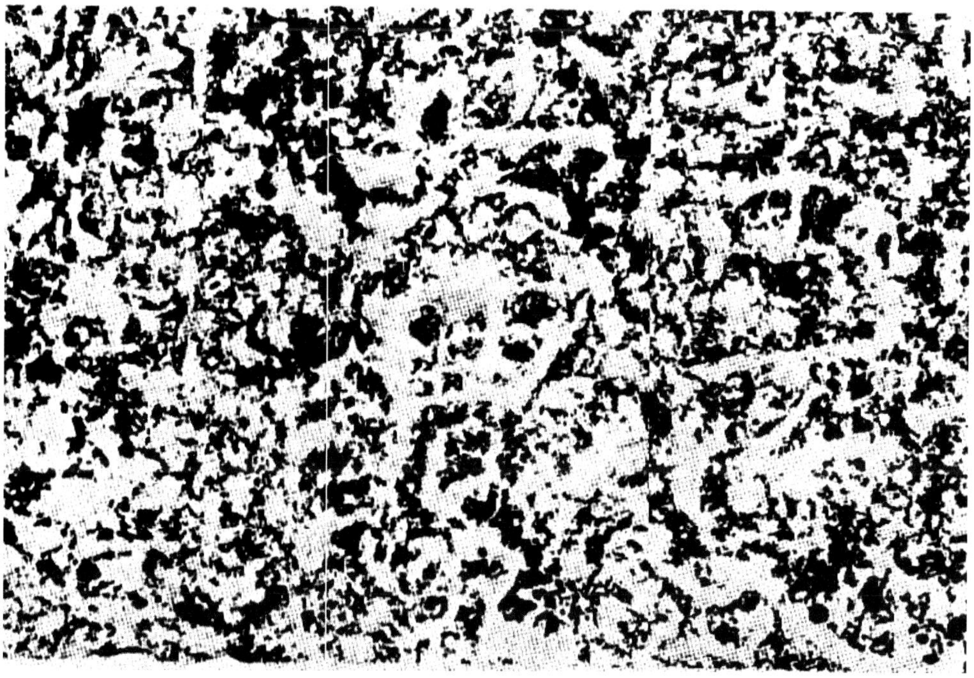

定林寺址 五層石塔 楣石刻字 · 15

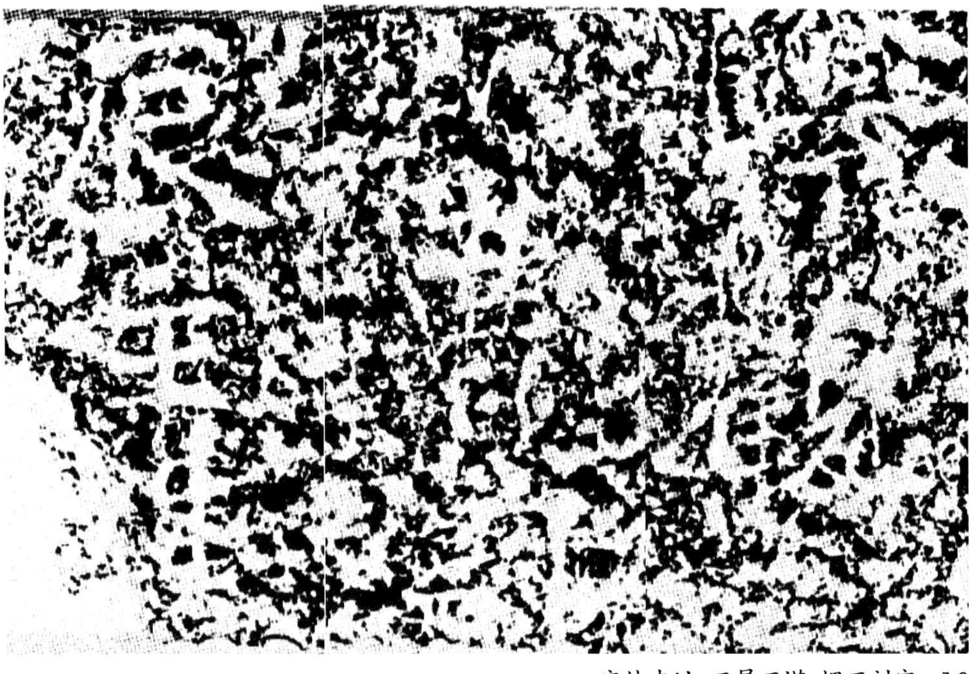

定林寺址 五層石塔 楣石刻字·16

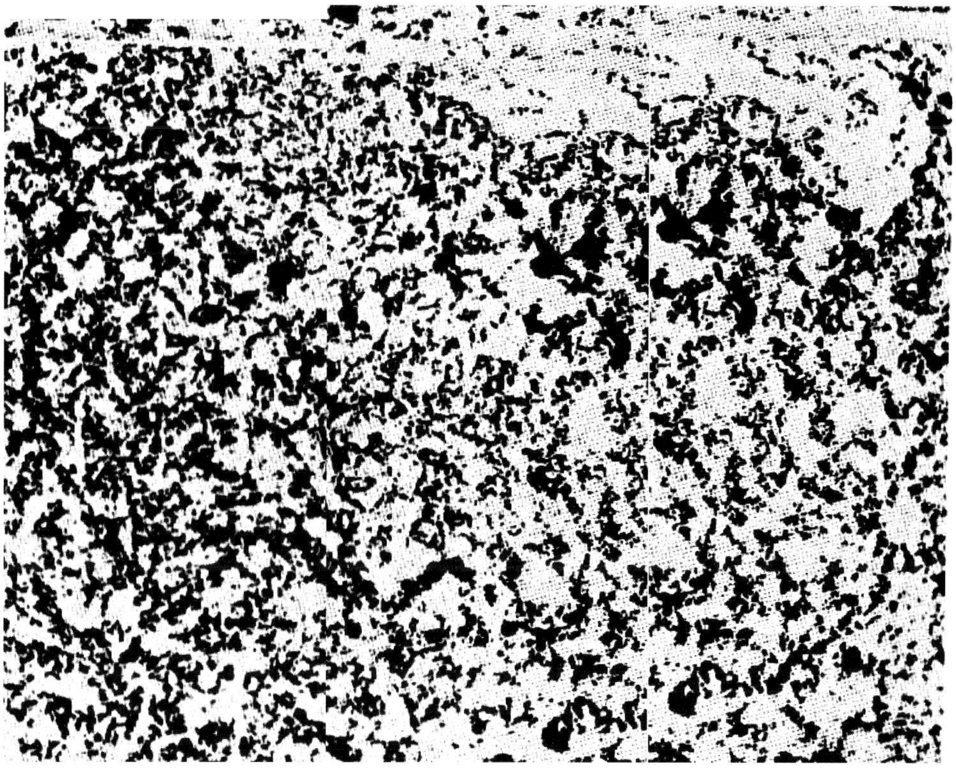

定林寺址 五層石塔 楣石刻字·17

定林寺址 五層石塔 楣石刻字 · 18

定林寺址 五層石塔 楣石刻字·19

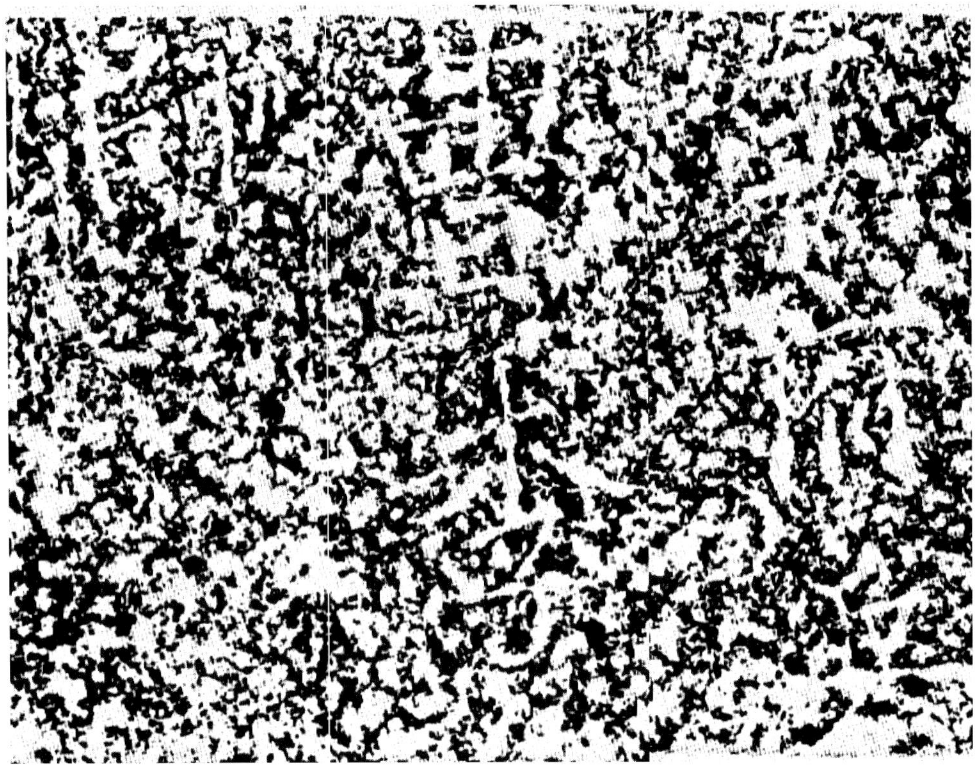

定林寺址 五層石塔 楣石刻字 · 20

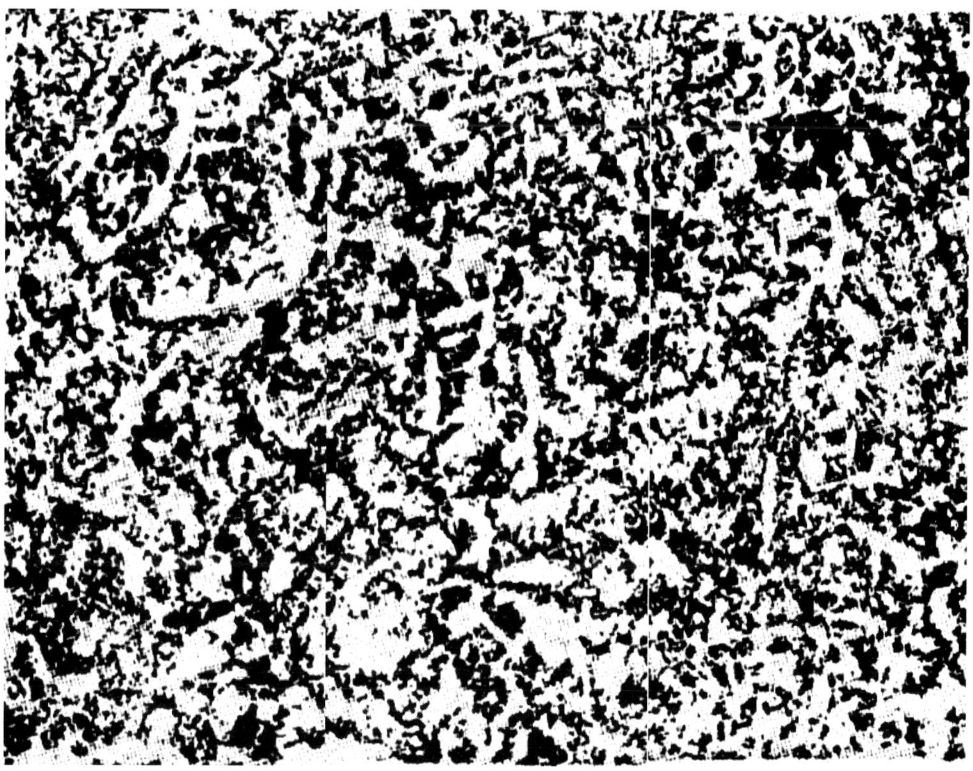

定林寺址 五層石塔 楣石刻字 · 21

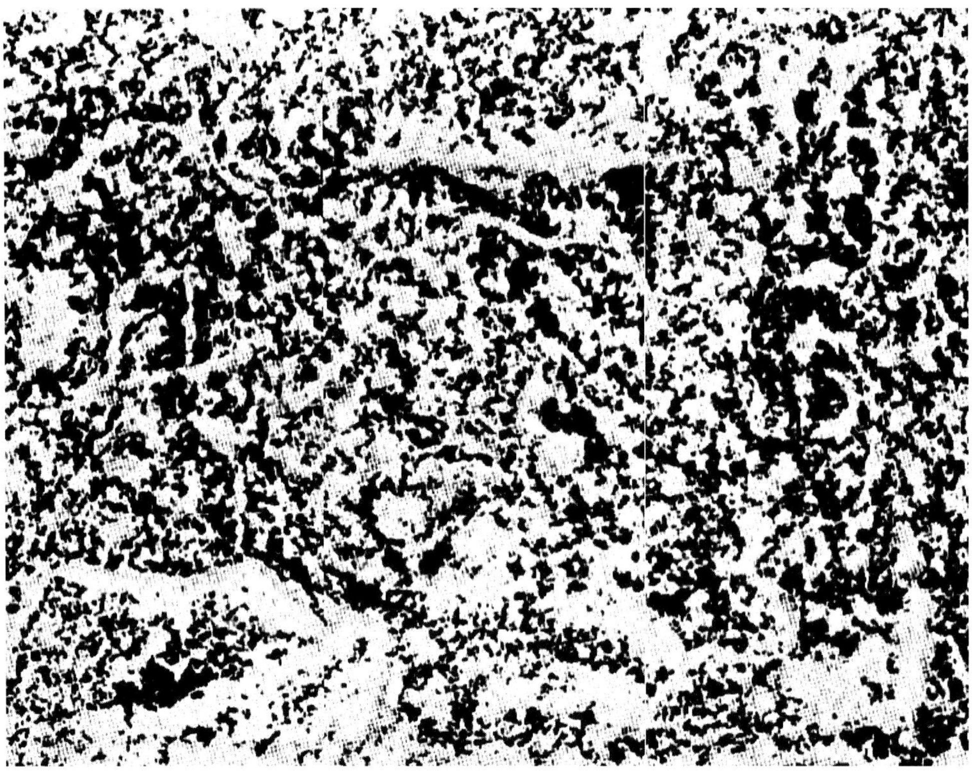

定林寺址 五層石塔 楣石刻字 · 22

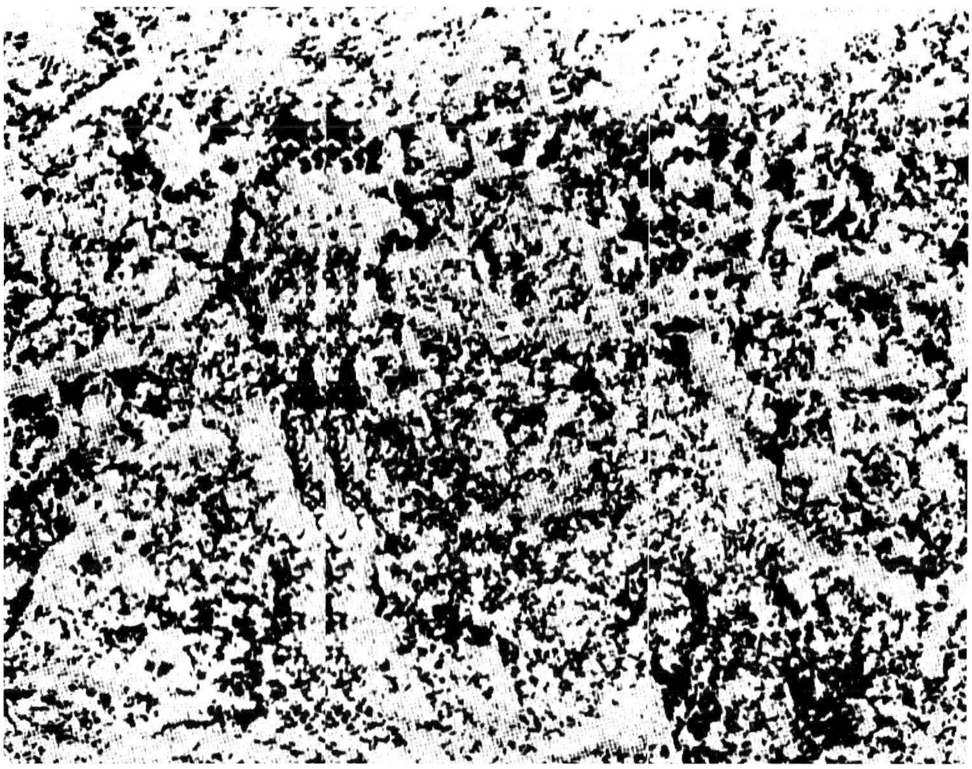

定林寺址 五層石塔 楣石刻字 · 23

殞命疑罪不分比加撿察曾無反狀言念非
玉鈐衛大將軍勳封如故其男遊擊將軍行
御圍宜有襃錄以申優獎可右豹韜衛翊府
公男俊所請改葬父者贈物一百段其葬事
二年十七日奉遷于邙山南官道北禮也惟
博無枝幕之多蔽謀動而事成有本末之書
闡懷必不入於思憲非先王之所貽訓必不
能增美智者見之謂之智仁者見之謂之仁
是懦夫為之勇貪夫為之廉猶權衡之不言
華而雙璧自非鑒賞至倫守默而千金成價